本書の特長

◆ コピーして、すぐに使える！

出張や病欠など、担任の先生がご不在の際にお使いいただける自習用プリント集です。

本書をコピーするだけで、いつもと少しちがった自習用教材ができあがります。

通常の教材の紙よりも厚めの紙を使用しています。紙が反らず、コピーもきれいにとれます。

◆ 使えるプリントが62枚！

国語・算数に対応したプリントを、合計62枚収録。

出張時はもちろん、それ以外にも、授業の教材や宿題用プリント、すきま時間にもお使いいただけます。

◆ マルつけが簡単！

計算や漢字のプリントでは、答え合わせやマルつけがたいへん。

本書の解答は、プリントをそのまま縮小した形で掲載していますので、拡大コピーして配布すれば、子ども自身で答え合わせができます。

本書の構成と使い方

1年〜
20分

学年と解答時間の目安を表示しています。表示の学年以上なら、何年生でも楽しんで取り組めます。

さんすう・けいさん

「国語」「算数」などの教科名と、その単元を示しています。

子どもたちに向けて、メッセージを記入する欄を設けています。問題のヒントなどを記入することもできます。

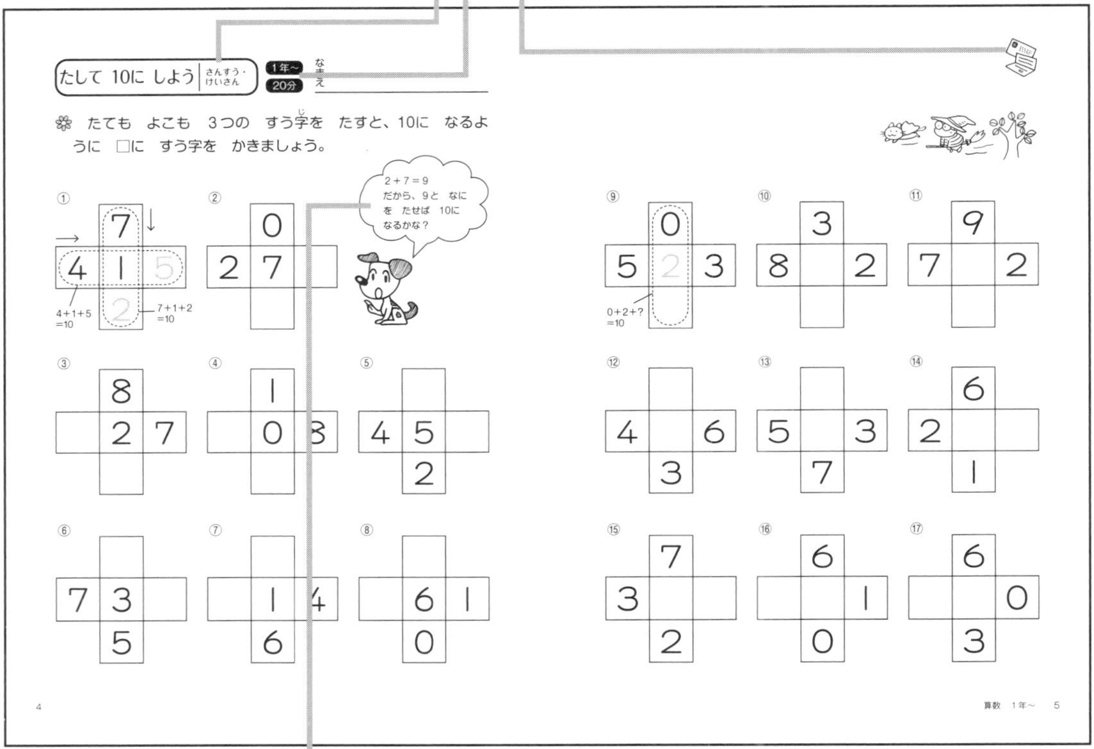

解説やヒントを入れて、子ども自身で問題に取り組めるようにしています。

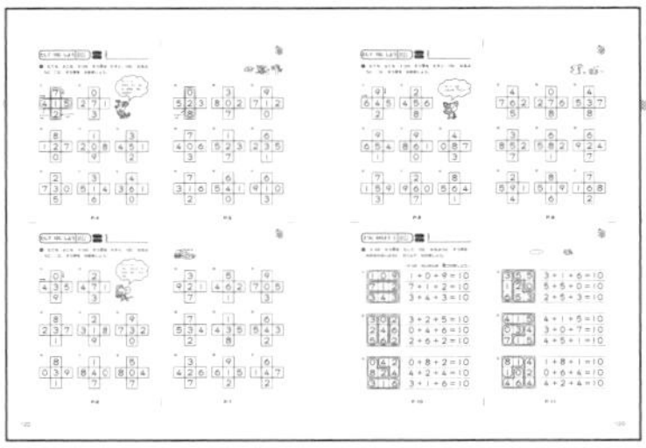

解答を問題ページの解答欄の位置に表示し、4分の1に縮小して掲載。答え合わせも簡単です。

辞書・電卓など、用意するものがある場合は、マークで示しています。

目次

算数

国語

たして 10に しよう　さんすう・けいさん

1年～　20分

なまえ

✿ たても よこも 3つの すう字《じ》を たすと、10に なるように □に すう字を かきましょう。

2＋7＝9
だから、9と なにを たせば 10に なるかな？

①

	7	
4	1	5
	2	

→ ↓

4＋1＋5 ＝10

7＋1＋2 ＝10

②

	0	
2	7	

③

	8	
	2	7

④

	1	
	0	8

⑤

4	5	
	2	

⑥

7	3	
	5	

⑦

	1	4
	6	

⑧

	6	1
	0	

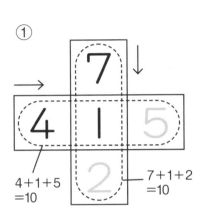

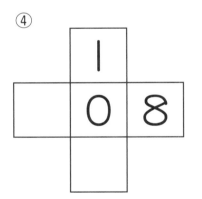

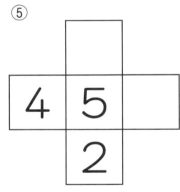

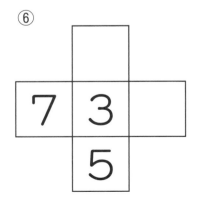

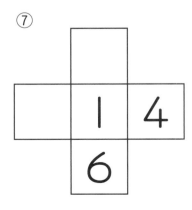

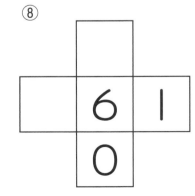

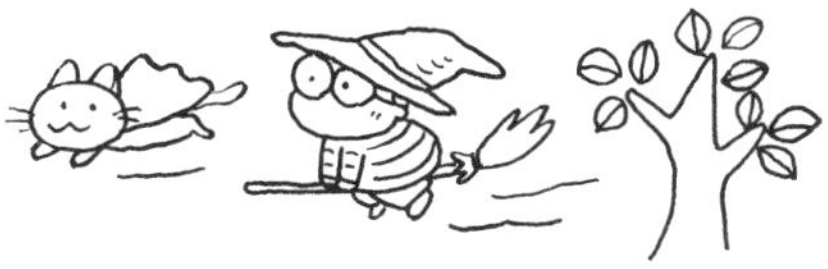

⑨

	0	
5	2	3

0＋2＋?
＝10

⑩

	3	
8		2

⑪

	9	
7		2

⑫

4		6
	3	

⑬

5		3
	7	

⑭

	6	
2		
	1	

⑮

	7	
3		
	2	

⑯

	6	
		1
	0	

⑰

	6	
		0
	3	

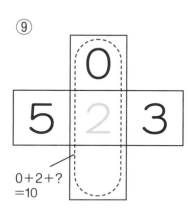

たして 12に しよう｜さんすう・けいさん

1年～　20分

なまえ

❀ たても　よこも　3つの　すう字《じ》を　たすと、12に　なるように　□に　すう字を　かきましょう。

4＋7＝11
11と　なにを　たせば　12に　なるかな

①

→（よこ）　↓（たて）

	0	
4	3	5
	9	

②

	2	
4	7	

③

	8	
	3	7

④

	2	
	1	8

⑤

7	3	
	0	

⑥

0	3	
	1	

⑦

	4	0
	7	

⑧

	0	4
	7	

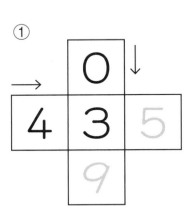

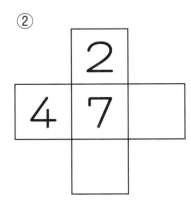

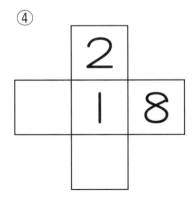

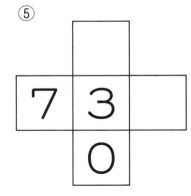

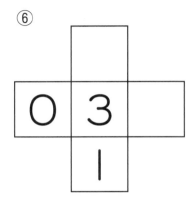

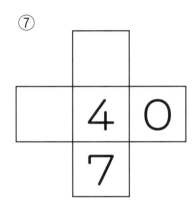

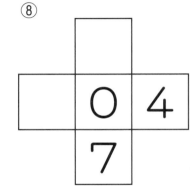

⑨

	3	
9	2	
	7	

⑩

	5	
4		
	1	

⑪

	9	
7		
	3	

⑫

	7	
		4
	2	

⑬

	1	
		5
	8	

⑭

	6	
5		3

⑮

	3	
4		6

⑯

6		5
	2	

⑰

1		7
	2	

たして 15に しよう

さんすう・けいさん

1年～

20分

なまえ

✿ たても よこも 3つの すう字《じ》を たすと、15に なるように □に すう字を かきましょう。

①

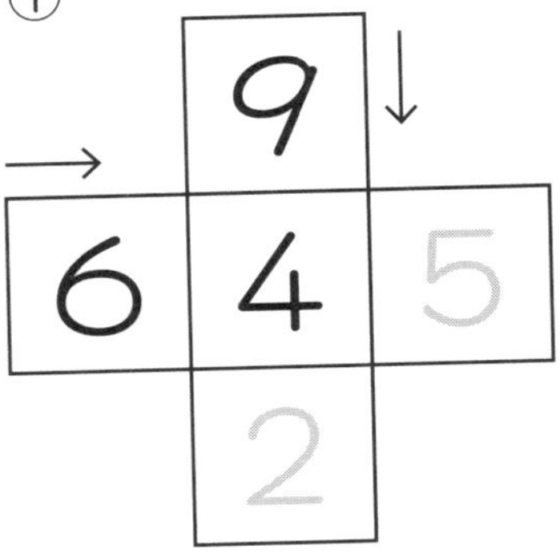

9
6
4
5
2

②

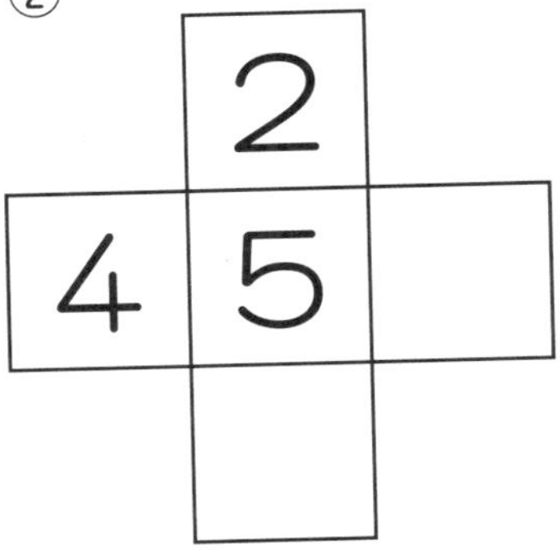

2
4
5

15－5－4の
こたえが 入《はい》るニャ

③

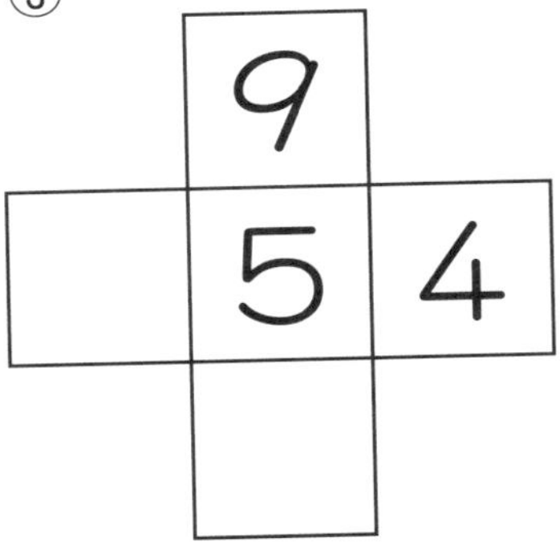

9
5
4

④

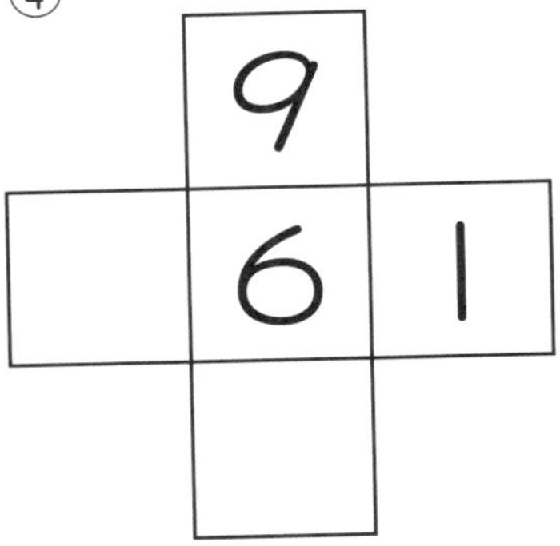

9
6
1

⑤

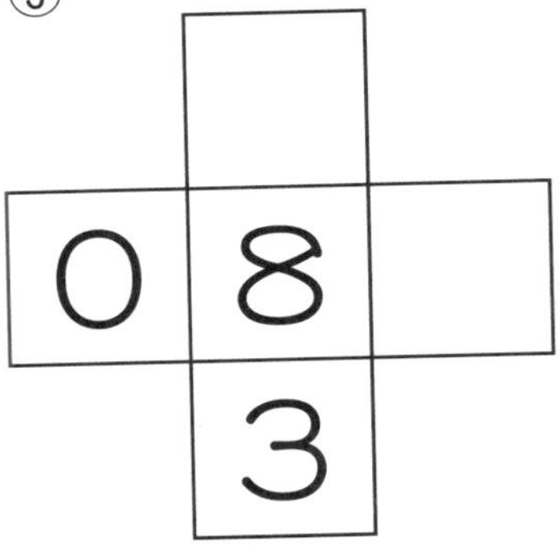

0
8
3

⑥

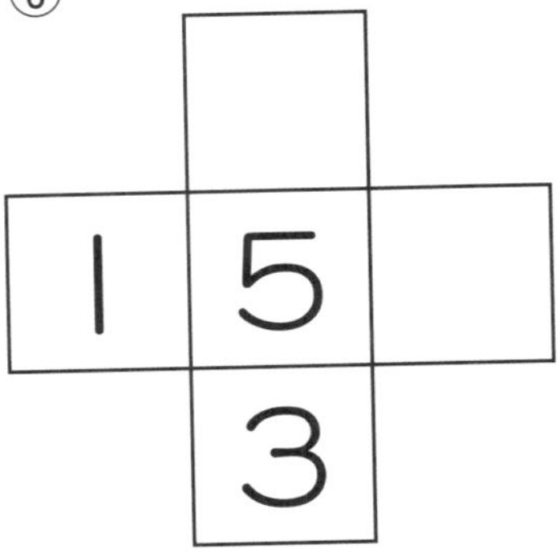

1
5
3

⑦

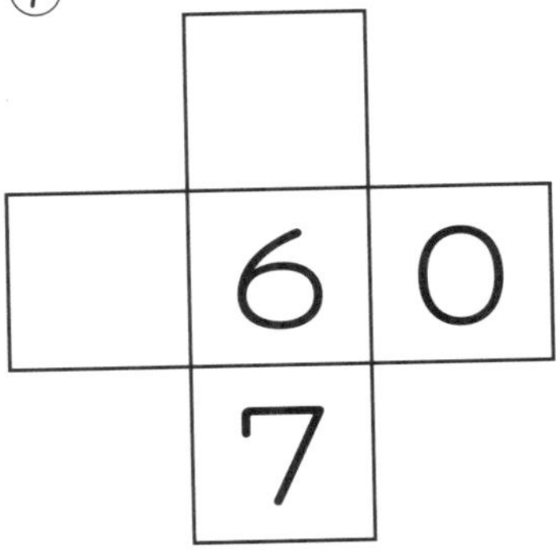

6
0
7

⑧

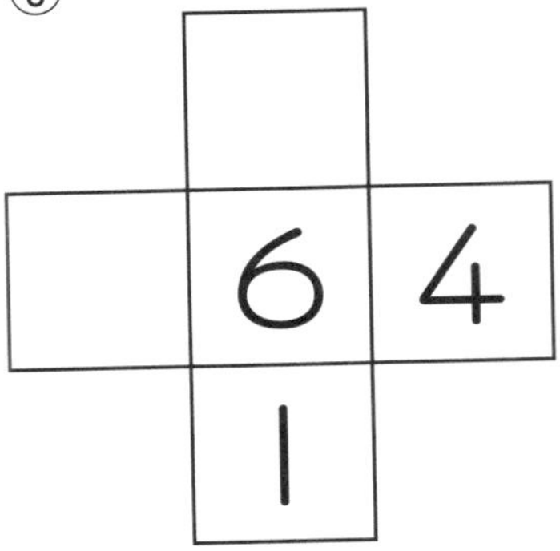

6
4
1

⑨

	4	
7	6	
	5	

⑩

	0	
2		
	8	

⑪

	4	
5		
	8	

⑫

	3	
		2
	7	

⑬

	6	
		2
	1	

⑭

	6	
9		4

⑮

	2	
5		1

⑯

5		9
	6	

⑰

1		8
	2	

3つに わけよう ①

さんすう・けいさん

1年〜

20分

なまえ

✿ 3つの すう字《じ》を たして 10に なるように すう字を かさならないように かこんで わけましょう。

〔3つの けいさんを 見《み》つけましょう。〕

①

1	0	9
7	1	2
3	4	3

1 + 0 + 9 = 10

②

3	0	2
2	4	6
5	6	2

3 + 2 + 5 = 10

③

0	4	2
8	2	4
3	1	6

0 + 8 + 2 = 10

④

3	5	5
1	2	0
6	5	3

⑤

4	1	5
0	3	4
7	1	5

⑥

8	1	4
1	0	2
4	6	4

3つに わけよう ②

さんすう・けいさん

1年～

20分

なまえ

✿ 3つの すう字《じ》を たして 12に なるように すう字を かさならないように かこんで わけましょう。

〔3つの けいさんを 見《み》つけましょう。〕

①

9	7	4
2	2	5
1	3	3

9＋2＋1＝12

②

4	3	5
1	5	6
3	7	2

4＋3＋5＝12

③

2	3	7
1	4	3
8	3	5

4＋3＋5＝12

④

5	3	6
4	5	1
4	2	6

⑤

5	6	4
4	1	6
5	3	2

⑥

4	9	2
3	1	6
5	5	1

3つに わけよう ③ さんすう・けいさん

1年〜 20分

なまえ ＿＿＿＿＿＿＿＿＿＿

❀ 3つの すう字《じ》を たして 15に なるように すう字を かさならないように かこんで わけましょう。

〔3つの けいさんを 見《み》つけましょう。〕

①

4	7	7
2	2	5
9	6	3

4＋2＋9＝15

②

4	2	9
1	8	6
2	7	6

4＋2＋9＝15

③

5	4	3
4	8	7
6	2	6

7＋6＋2＝15

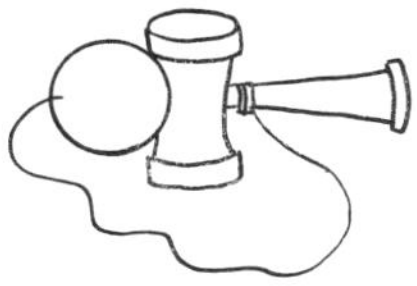

④

6	7	5
5	2	7
6	4	3

⑤

3	4	8
2	5	4
4	9	6

⑥

6	4	7
5	2	6
7	3	5

たす・ひく ①

さんすう・けいさん

1年～ 20分

なまえ

空《あ》いている　ところに、あてはまる　すう字《じ》を　かきましょう。

①

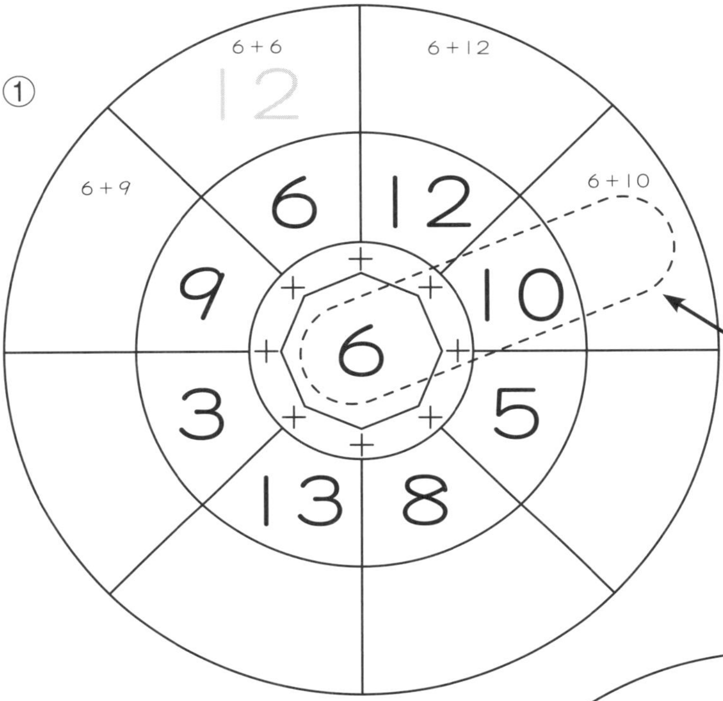

6＋6
12
6＋12
6＋9
6＋10
6
12
9
10
3
5
13
8
6

6＋10の　こたえを　かこう。

②

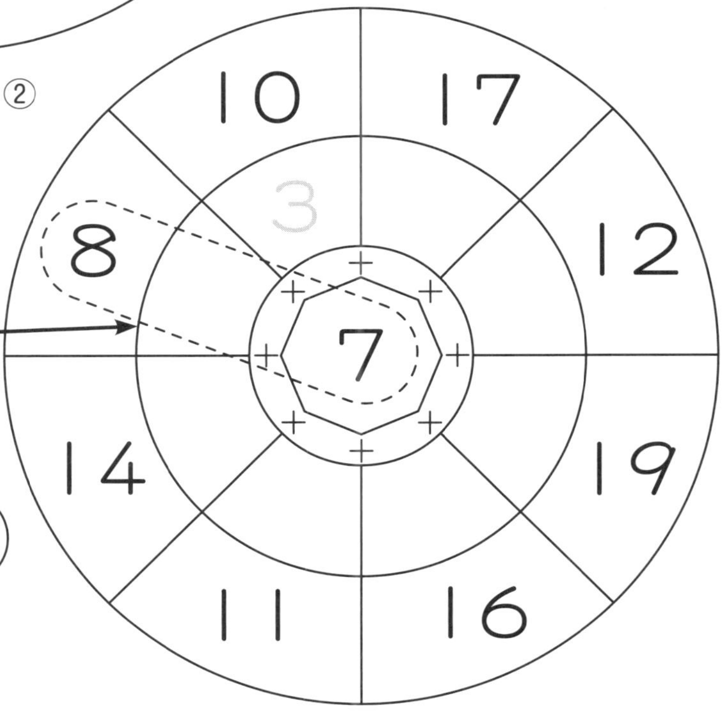

10
17
3
8
12
7
14
19
11
16

7と　なにを　たせば、8に　なるかな？

③

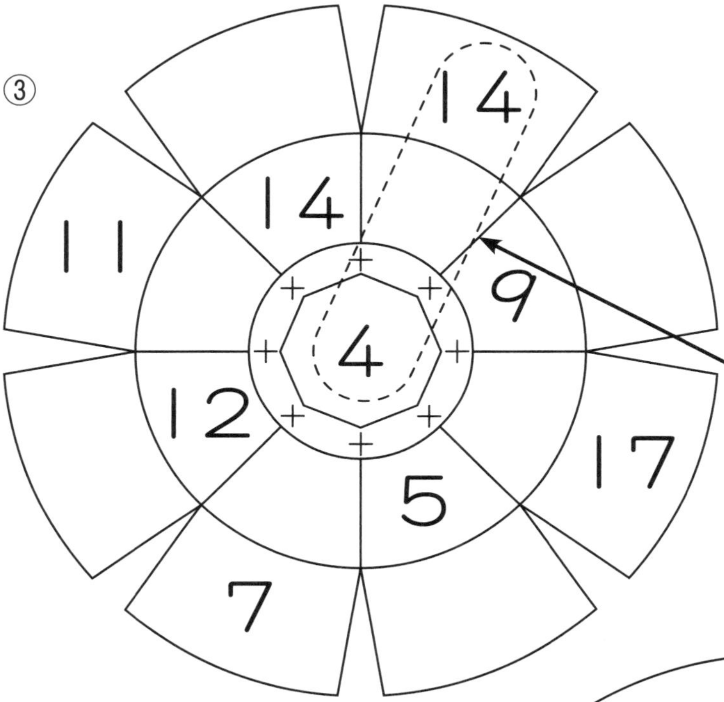
14
11
14
9
4
12
17
5
7

4と　なにを
たせば、14に
なるかな？

④

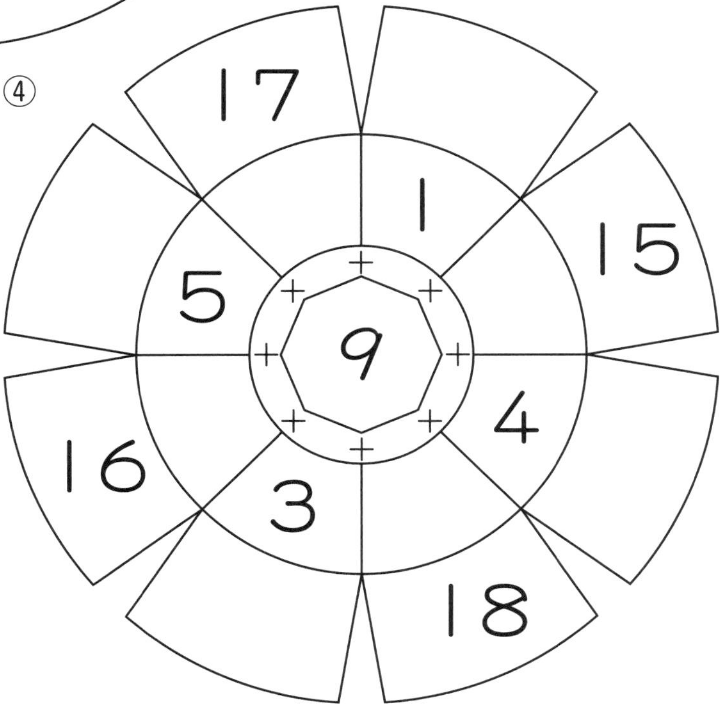
17
1
15
5
9
4
16
3
18

すう字が
ばらばら！
むずかしいぞ。

たす・ひく ②

さんすう・けいさん

1年～

20分

なまえ

✿ 空《あ》いている　ところに、あてはまる　すう字《じ》を　かきましょう。

①

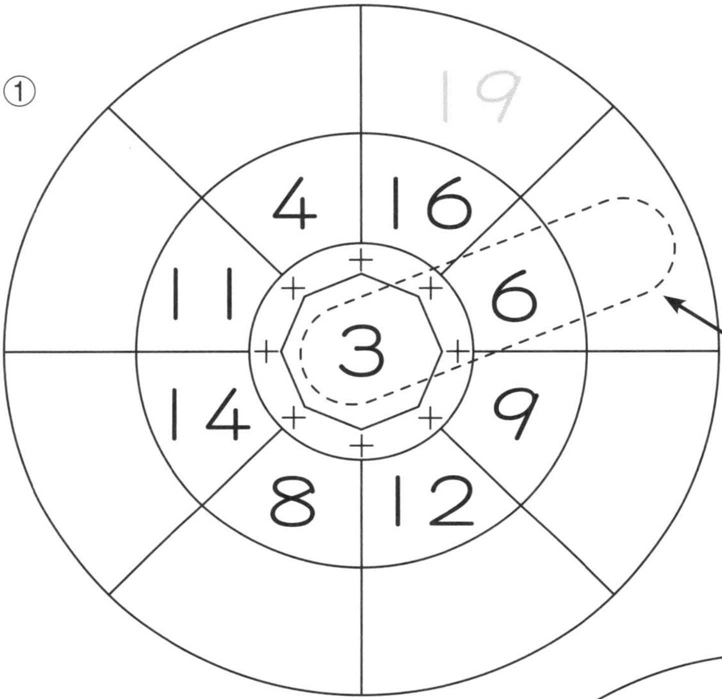

②

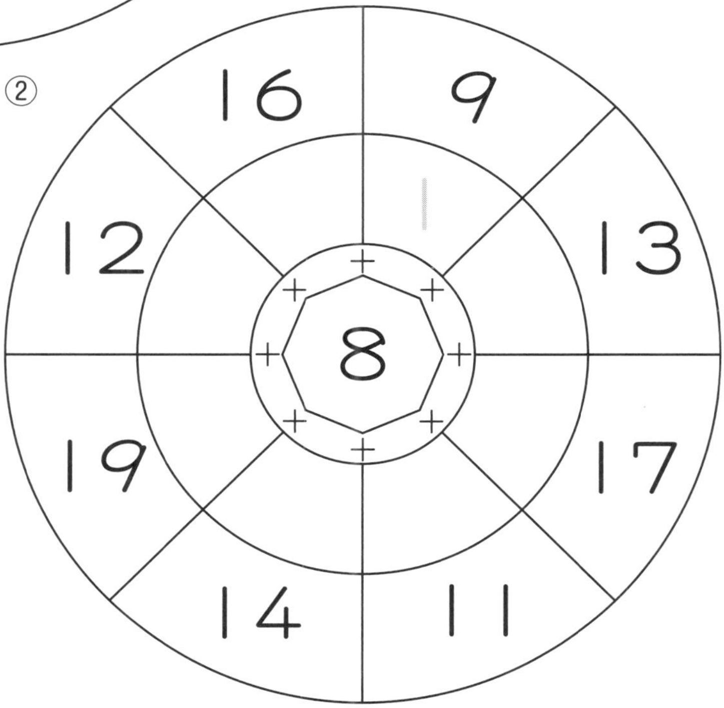

③

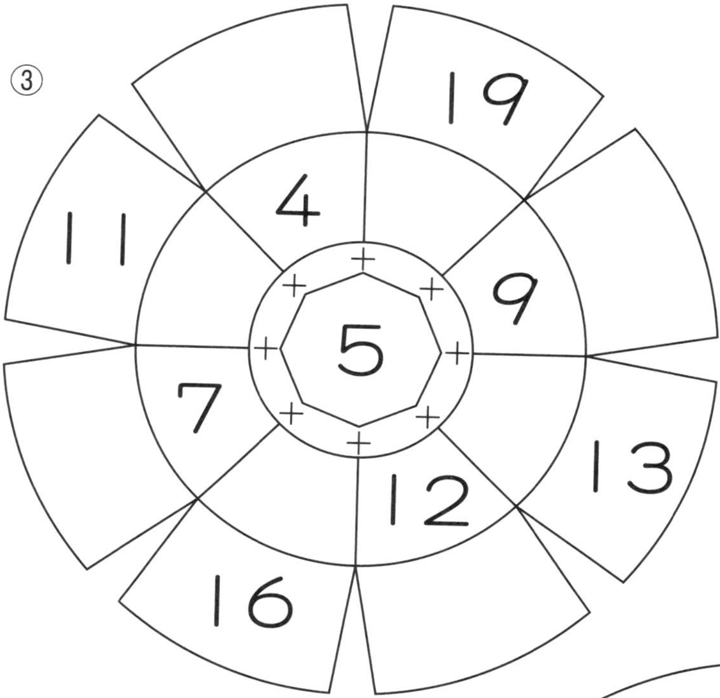
19
4
11
9
5
7
13
12
16

④

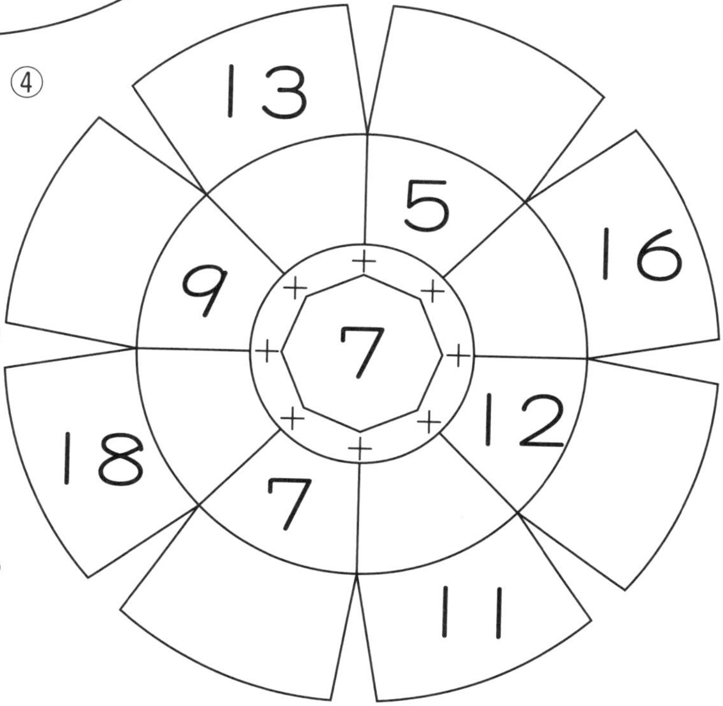
13
5
16
9
7
12
18
7
11

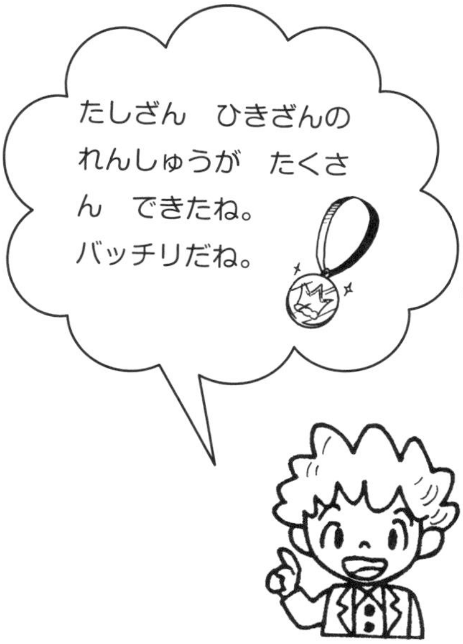
たしざん　ひきざんの
れんしゅうが　たくさ
ん　できたね。
バッチリだね。

たしざんで　上《うえ》へ

さんすう・けいさん

1年～

20分

なまえ

となり　どうしの　かずを　たして、○に　かいて　いきましょう。

①

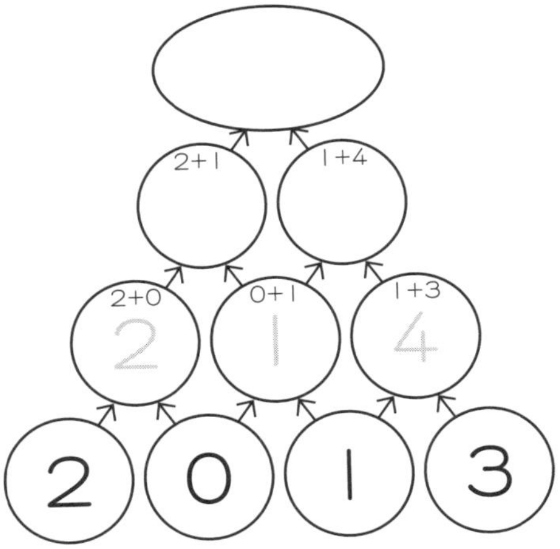

2+1
1+4
2+0
0+1
1+3
2
1
4
2
0
1
3

下《した》から、じゅんに
たして　いきま
しょう。

②

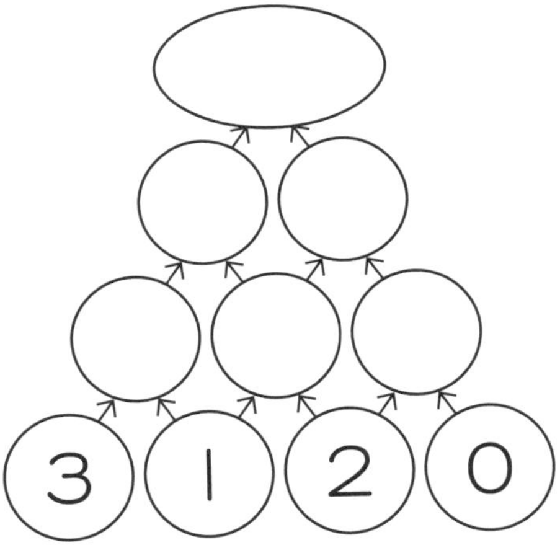

3
1
2
0

③

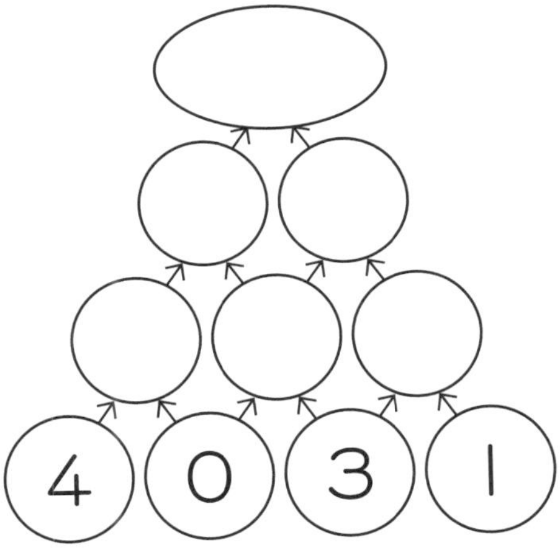

4
0
3
1

④

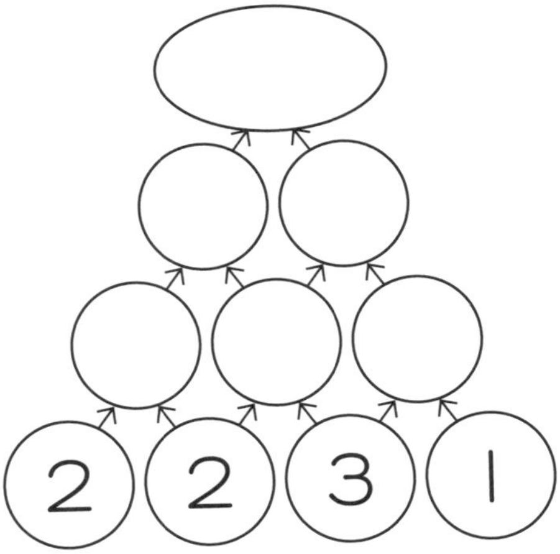

2
2
3
1

⑤

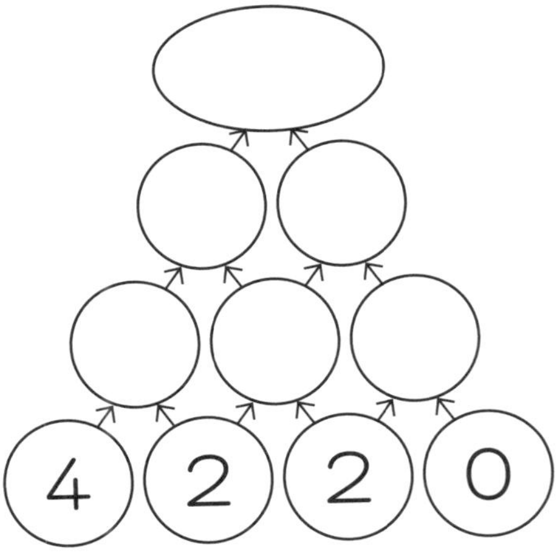

4
2
2
0

⑥

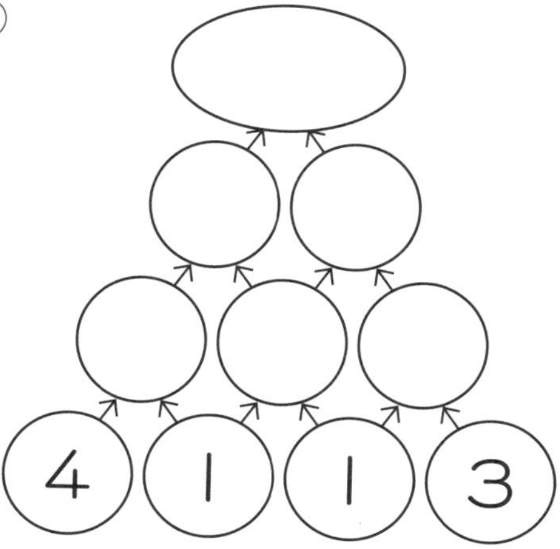

⑦

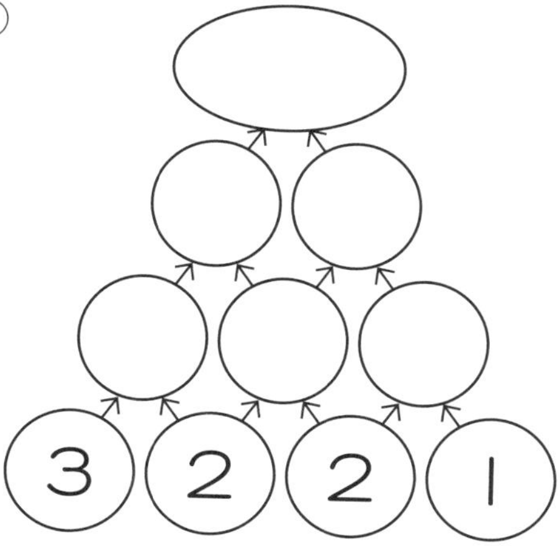

⑧

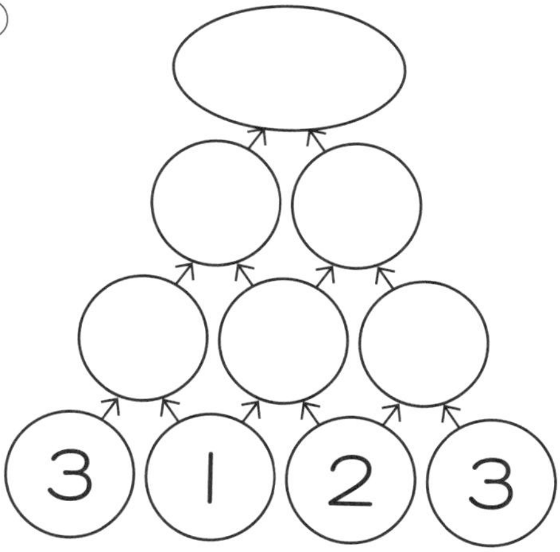

⑨

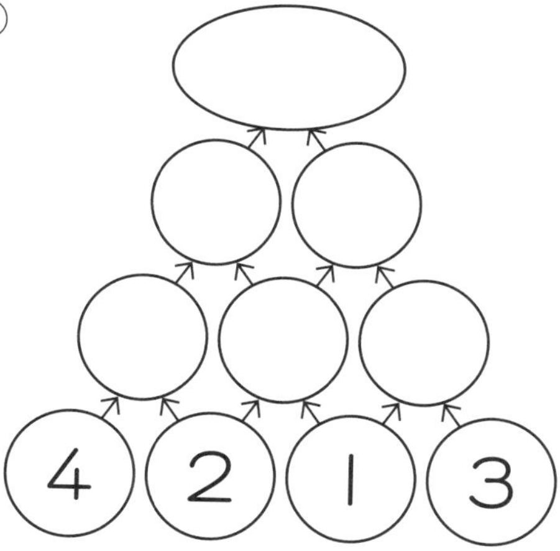

⑩

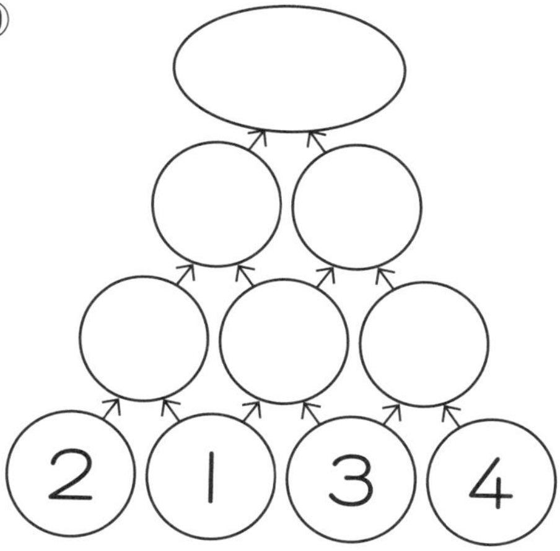

⑪

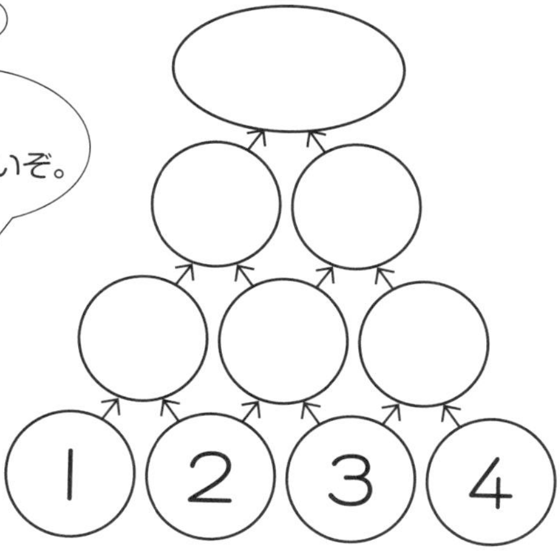

ひきざんで　下《した》へ　｜　さんすう・けいさん

1年～　20分

なまえ

✿　となり　どうしの　かずを　くらべて　大《おお》きい　ほうから　小《ちい》さい　ほうを　ひきましょう。

①

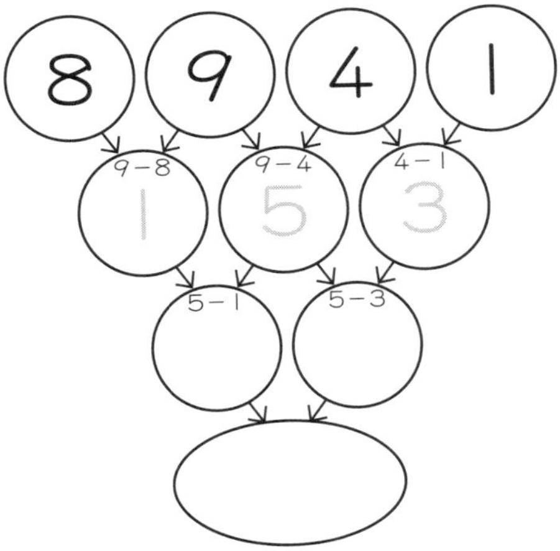
8　9　4　1
9－8　9－4　4－1
1　5　3
5－1　5－3

8と9なら、9の　ほうが　大きいから、9－8です。上《うえ》から　じゅんに　けいさん　しましょう。

②

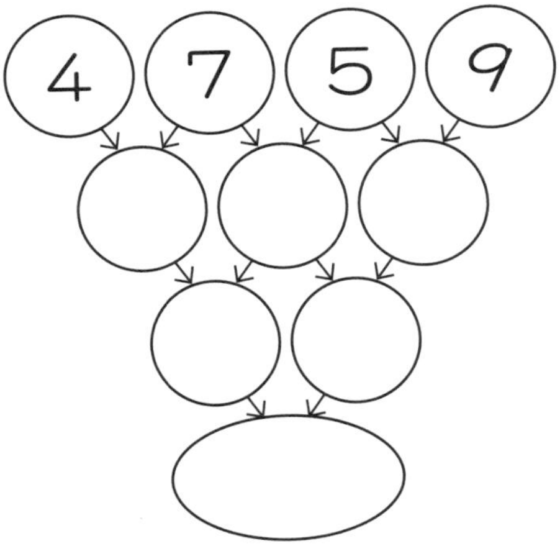
4　7　5　9

③

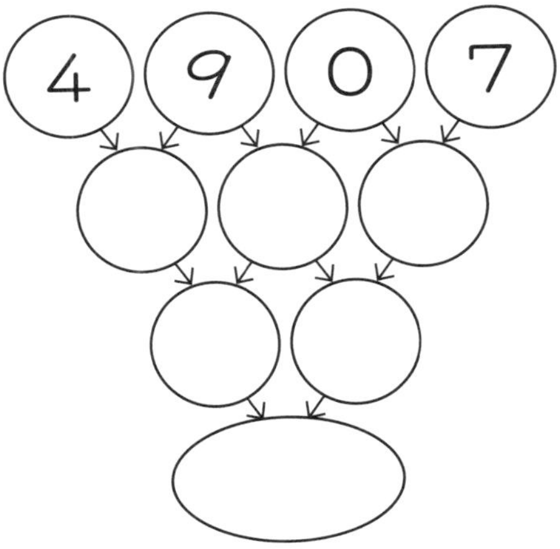
4　9　0　7

④

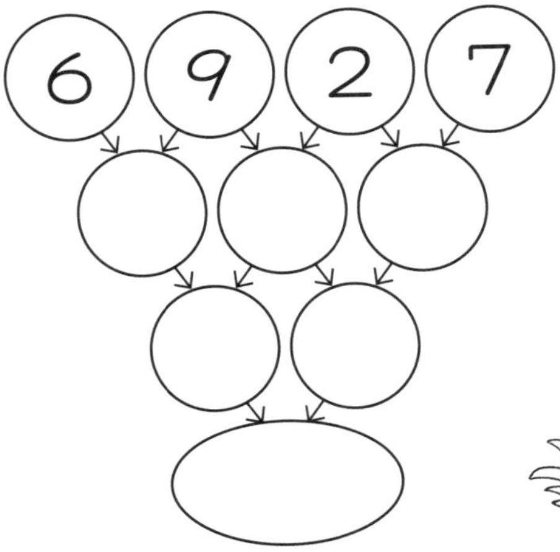
6　9　2　7

⑤

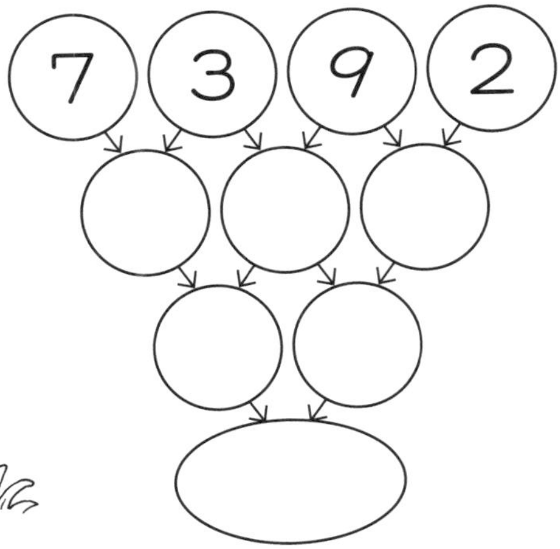
7　3　9　2

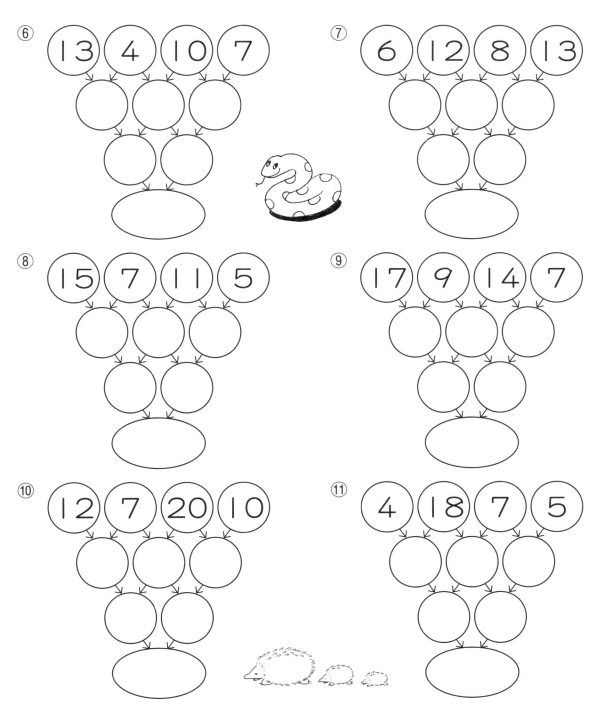

⑥ 13 4 10 7

⑦ 6 12 8 13

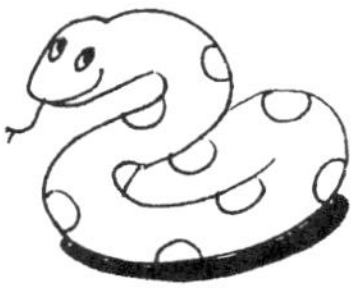

⑧ 15 7 11 5

⑨ 17 9 14 7

⑩ 12 7 20 10

⑪ 4 18 7 5

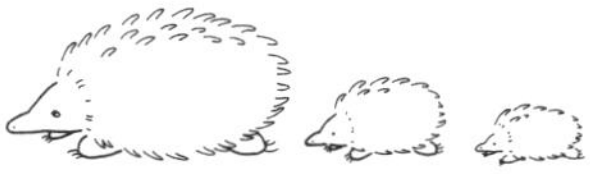

ほうじんの　けいさん　さんすう・けいさん

1年～　20分　なまえ

✿　やじるしの　↓→↙↘の　ほうへ　たします。

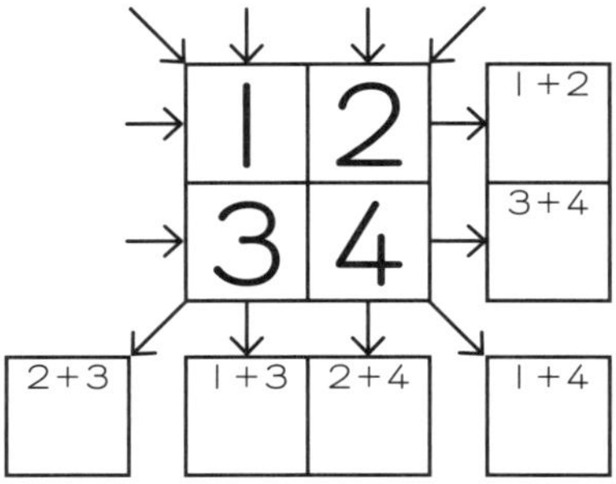

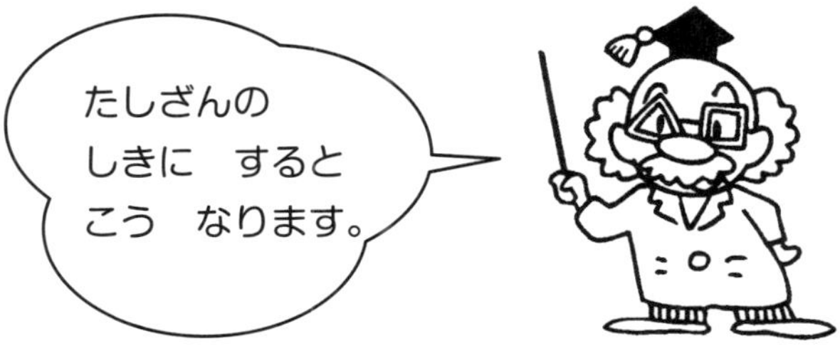

①

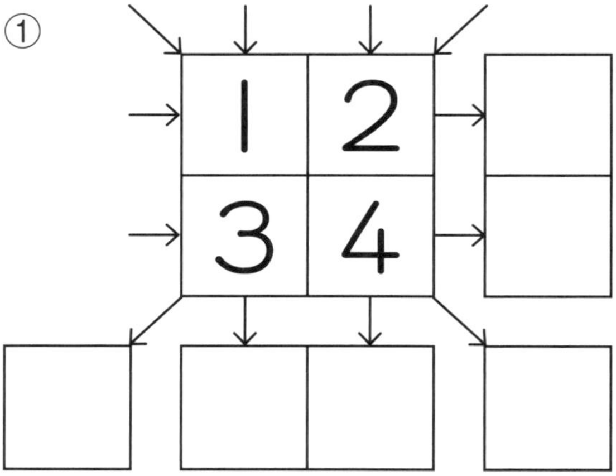

②

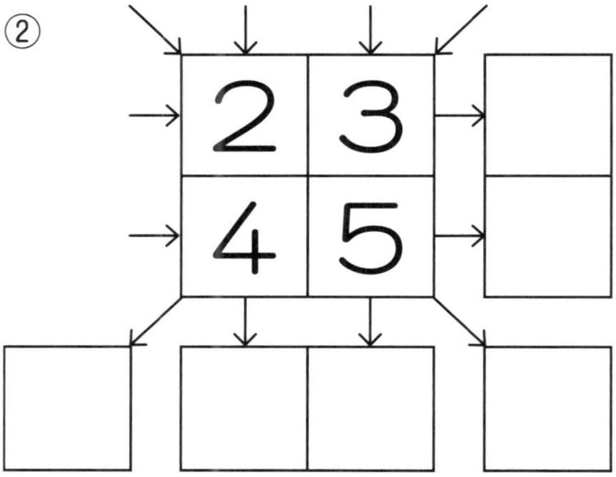

③

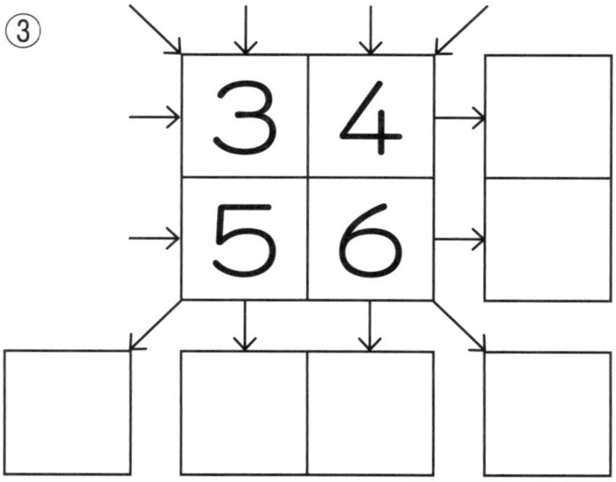

④

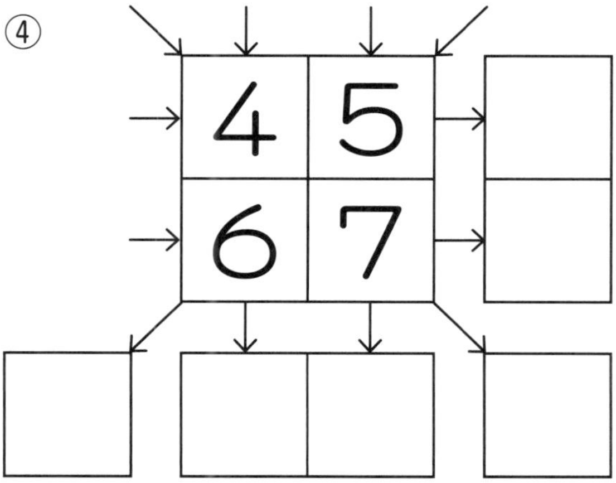

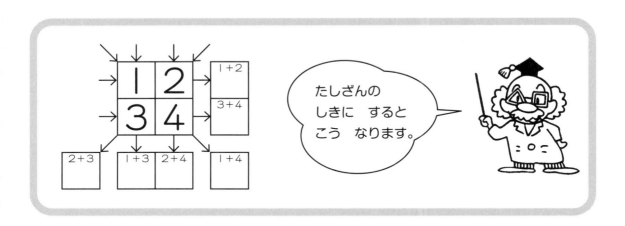

⑤

5	6
7	8

⑥

6	7
8	9

⑦

3	4
7	8

⑧

2	4
5	7

⑨

2	4
6	8

⑩

3	7
5	9

□＋□－□＝10

さんすう・けいさん

1年〜

20分

なまえ ＿＿＿＿＿＿＿＿＿＿

✿ 10に　なるように　1、2、3、4、5、6、7、8、9から　かずを　えらんで　□に　かきます。おなじ　かずも　つかえます。

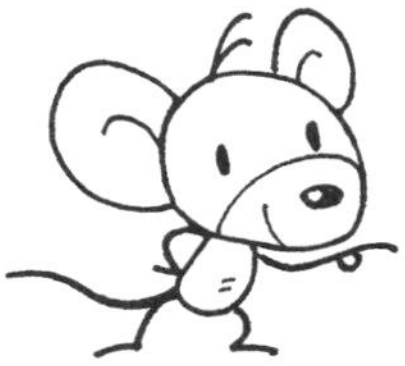

ひく　かずを　1から　じゅんばんに　入《い》れるよ。

□の　中《なか》の　かずに　なる　たしざんは　なにかな？ ⟶

11－1＝10

12－2＝10

13－3＝10

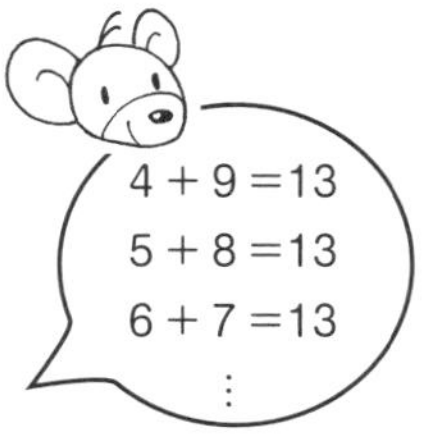

① □＋□－□＝10

② □＋□－□＝10

③ □＋□－□＝10

④ □＋□－□＝10

⑤ □＋□－□＝10

ぜんぶで　36もん　つくれます。
ぜんぶ　わかったら　金《きん》メダルじゃ。

⑥　□ ＋ □ − □ ＝ 10

⑦　□ ＋ □ − □ ＝ 10

⑧　□ ＋ □ − □ ＝ 10

⑨　□ ＋ □ − □ ＝ 10

⑩　□ ＋ □ − □ ＝ 10

⑪　□ ＋ □ − □ ＝ 10

⑫　□ ＋ □ − □ ＝ 10

□－□＋□＝10　さんすう・けいさん

1年～　20分

なまえ＿＿＿＿＿＿＿＿＿＿

✿ 10に　なるように　1、2、3、4、5、6、7、8、9から　かずを　えらんで　□に　かきます。おなじ　かずも　つかえます。

たす　かずを　2から　じゅんばんに　入《い》れるよ。

［　　］の　中《なか》の　かずに　なる　ひきざんは　なにかな？　→

［8］＋2＝10

［7］＋3＝10

［6］＋4＝10

① □－□＋□＝10

② □－□＋□＝10

③ □－□＋□＝10

④ □－□＋□＝10

⑤ □－□＋□＝10

ぜんぶで　36もん　つくれます。
ぜんぶ　わかったら　金《きん》メダルじゃ。

⑥ $\square - \square + \square = 10$

⑦ $\square - \square + \square = 10$

⑧ $\square - \square + \square = 10$

⑨ $\square - \square + \square = 10$

⑩ $\square - \square + \square = 10$

⑪ $\square - \square + \square = 10$

⑫ $\square - \square + \square = 10$

たしてからひく①

さんすう・けいさん

1年〜　20分

なまえ

✿ となり　どうしの　かずを　ひきざんして　下《した》に　すすむ　もんだいです。かずが　わからない　ところが　あります。なにが　入《はい》るか　かんがえて、ぜんぶの　マスを　うめましょう。

①

6	14	2	?
14−6 8	14−2	?−2 7	

②

	4		7
8		10	

③

	9		3
11		12	

④

6			4
7		12	

⑤

7			3
9		8	

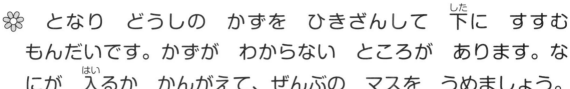

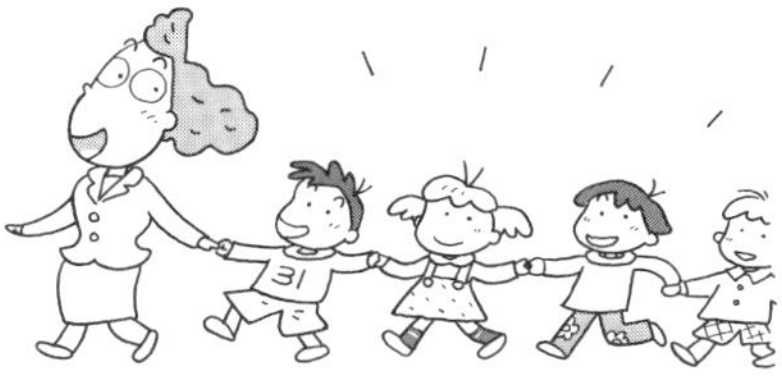

⑥

	8		11
9		12	

⑦

	5	3	
10		13	

⑧

12	3		
	4		
	7		

⑨

		4	13
	6		
8			

⑩

	6	9	
5	8		

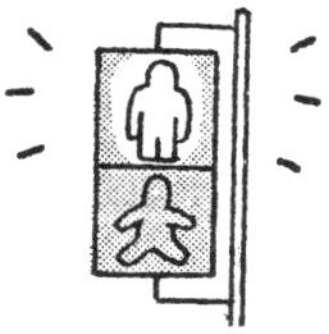

⑪

	10	7	
9	6		

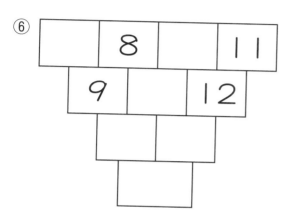

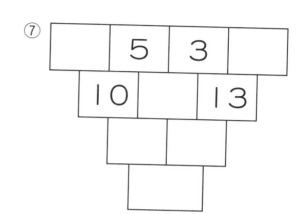

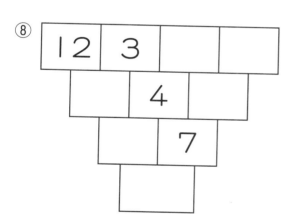

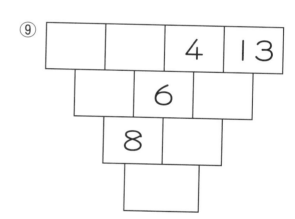

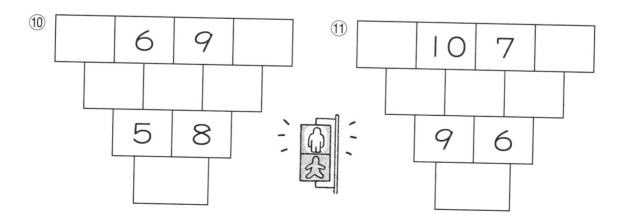

を ブロックで しきつめる　算数・計算

2年～
20分

名前

❀ に　ブロックを　しきつめます。

① 1の　ブロック□を　1こ、
　2の　ブロック□□を　1こ、
　3の　ブロック□□□か　を　1こ　つかいます。

② 1の　ブロックは　赤色《あかいろ》を、
　2の　ブロックは　黄色《きいろ》を、
　3の　ブロックは　青色《あおいろ》を　ぬります。

6通《とお》り　できたら
合《ごう》かく！
10通《とお》り　できたら
名人！
16通《とお》り　できたら　天才《てんさい》！

（れい）

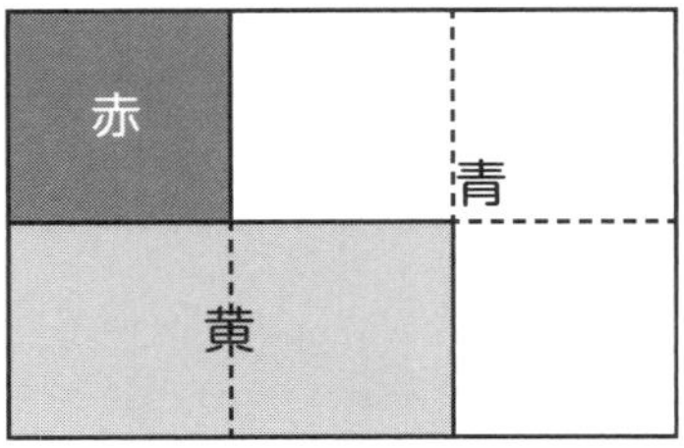

赤
青
黄

①

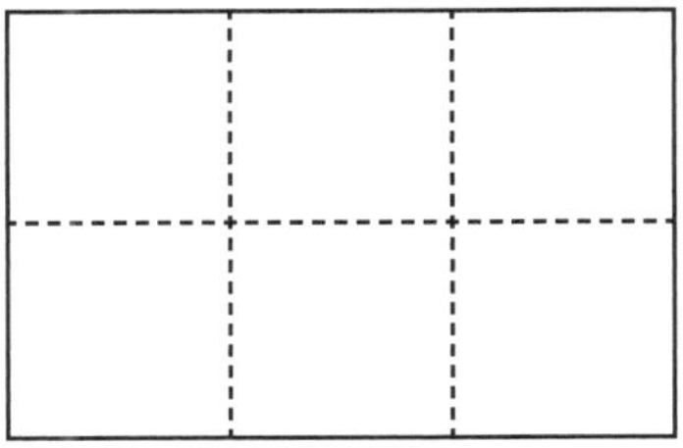

②

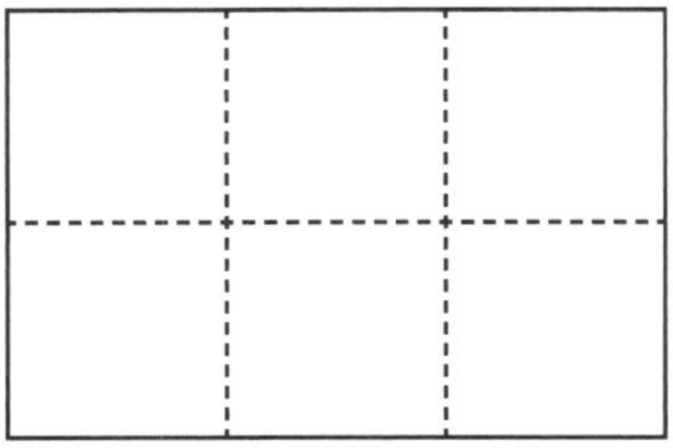

③

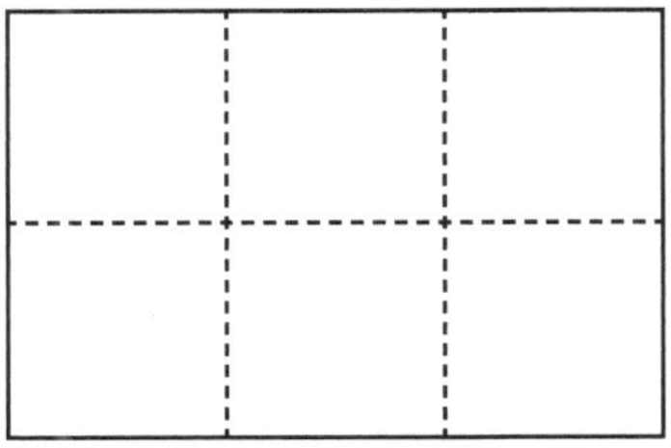

④

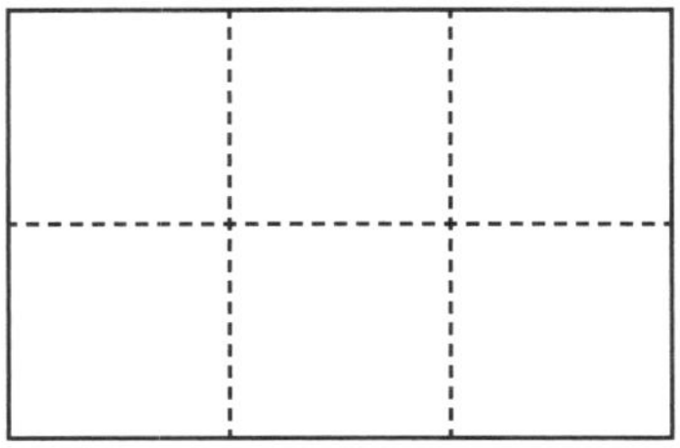

⑤

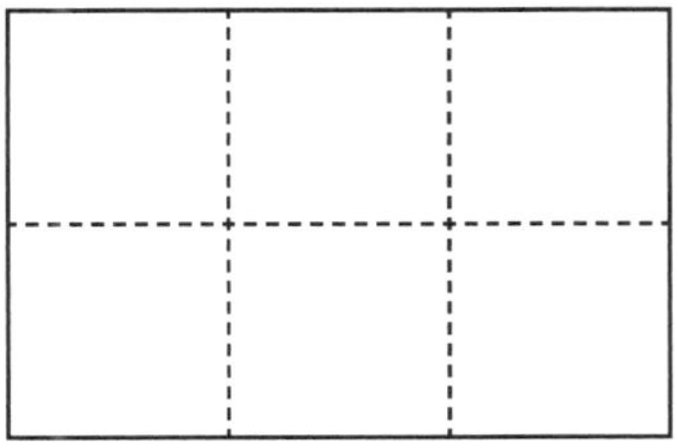

⑥

⑦

⑧

⑨

⑩

⑪

⑫

⑬

⑭

⑮

ま方《ほう》じん（3方じん）

算数・計算

2年～
20分

名前

❀ たてに　3つの　数《かず》を　たしても、よこに　3つの　数を　たしても、ななめに　3つの　数を　たしても　15です。

空いている　□ に、あてはまる　数を　書《か》きましょう。

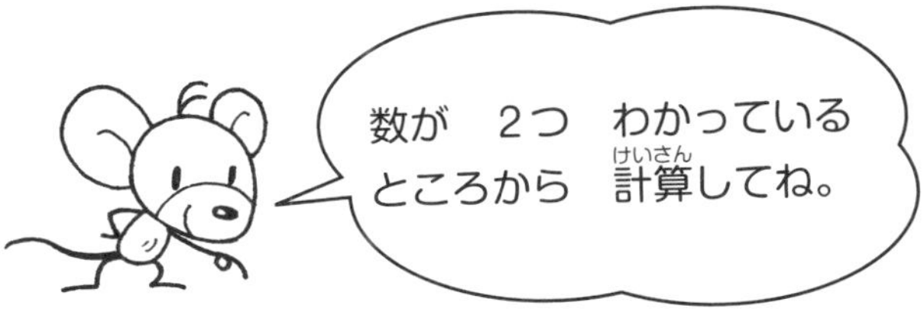
数が　2つ　わかっている
ところから　計算《けいさん》してね。

①

2	9		→ 15
	5		→ 15
			→ 15

15　　15　15　15　　15

②

			→ 15
1		9	→ 15
6			→ 15

15　　15　15　15　　15

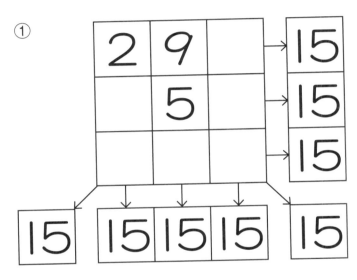

✿ ③は　同《おな》じように　3つの　数を　たして　18に　なります。
④は　同じように　3つの　数を　たして　12に　なります。
空いている　□ には　どんな　数が　入りますか？

③

5			→ 18
	6		→ 18
	2		→ 18

↙	↓	↓	↓	↘
18	18	18	18	18

④

1		5	→ 12
			→ 12
	2		→ 12

↙	↓	↓	↓	↘
12	12	12	12	12

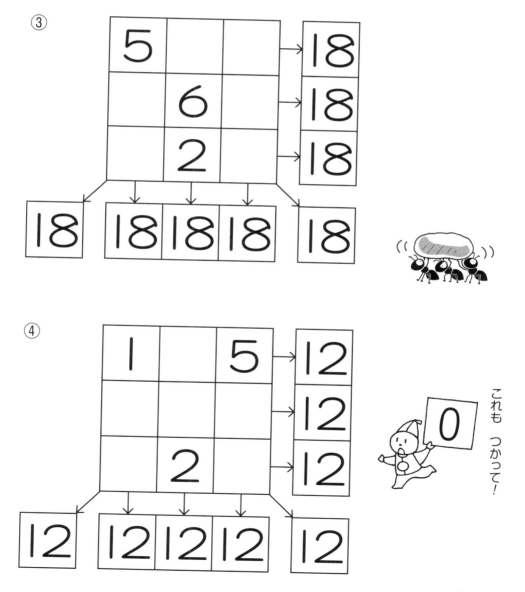

4つに　わけよう ①　｜　算数・計算

2年〜　40分

名前 ＿＿＿＿＿＿＿＿＿＿

✿　4つの　数字《すうじ》を　たして　12に　します。数字を　かさならないように　かこんで　わけましょう。

①

1	4	1	3
0	3	6	7
9	5	2	0
2	0	3	2

1	6	2	3
7	3	2	0
5	4	3	0
9	0	1	2

→

1	6	2	3
7	3	2	0
5	4	3	0
9	0	1	2

1＋6＋2＋3＝12
7＋3＋2＋0＝12
5＋4＋3＋0＝12
9＋0＋1＋2＝12

どの　かたまりも
たすと　12に
なってるね。

4つに　わけた　形《かたち》は、

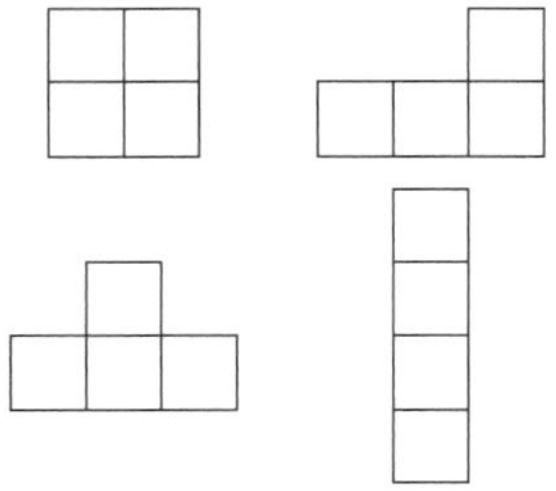

の　4しゅるい。
同《おな》じ　形を　つかって、
4つに　わけるよ。

②

4	1	1	5
3	4	6	0
2	6	1	2
4	0	2	7

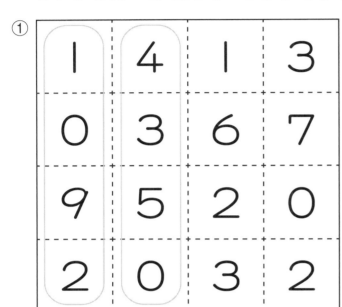

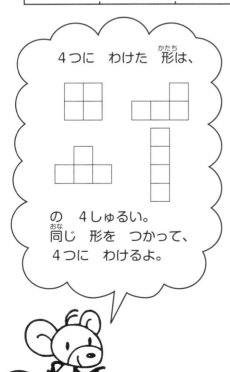

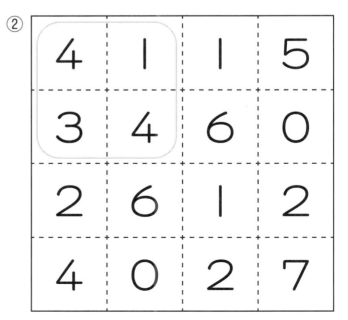

③

8	0	2	8
2	0	1	3
2	3	5	4
2	2	1	5

④

0	3	5	3
7	4	1	5
1	3	0	2
6	0	3	5

4つに　わけよう ②　算数・計算

2年〜　40分

名前 ＿＿＿＿＿＿＿＿

✿　4つの　数字《すうじ》を　たして　15に　します。数字を　かさならないように　かこんで　わけましょう。

①

2	0	5	3
3	9	2	6
2	1	0	0
8	4	9	6

4つに　わけた　形《かたち》は、

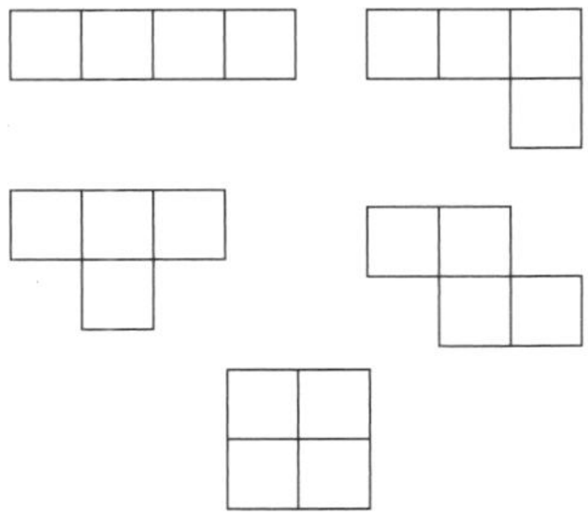

の　どれかに
なります。

②

2	4	2	1
6	6	1	4
3	0	8	8
2	6	2	5

③

4	3	5	4
2	0	3	7
7	1	0	4
6	7	5	2

④

3	4	7	3
4	1	0	5
7	2	4	7
2	5	5	1

4つに　わけよう ③　算数・計算

2年～
40分

名前

✿　4つの　数字《すうじ》を　たして　15に　します。数字を　かさならないように　かこんで　わけましょう。

①

1	7	0	7
2	3	2	7
5	8	0	3
3	1	5	6

4つに　わけた　形《かたち》は、

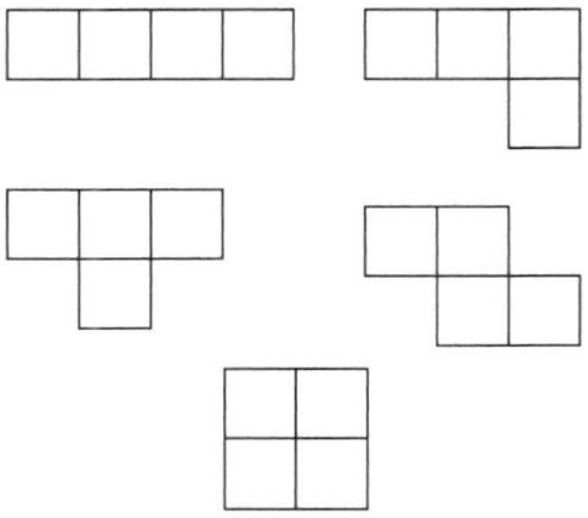

の　どれかに
なります。

②

3	9	0	3
6	1	8	0
2	3	5	4
6	2	5	3

③

8	3	5	2
1	4	0	9
3	6	3	1
5	1	2	7

④

4	3	4	1
2	3	7	5
6	2	9	0
0	5	8	1

場《ば》しょは　どこに　あるかな？

算数・その他

2年～

20分

名前

✿ これは、 5かいだての 「どうぶつマンション」です。

左
右
5
いぬ
うさぎ
ぞう
こうのとり
きりん
4
かもしか
ねこ
ゴリラ
かえる
ライオン
3
いのしし
ペンギン
あきらさん
しか
さる
2
くま
かまきり
いたち
たぬき
うみがめ
1
つる
きつね
へび
ちょう
わし

つぎの　へやに　すんでいる　どうぶつの　名前《なまえ》を　書《か》きましょう。

① あきらさんの　左どなり　（　　　　　）

② ゴリラの　右どなり　（　　　　　）

③ ５かいの　右はし　（　　　　　）

④ ２かいの　左はし　（　　　　　）

⑤ しかの　左下　（　　　　　）

⑥ うさぎの　右下　（　　　　　）

⑦ さるの　２かい　上で、
右から　３番《ばん》目　（　　　　　）

⑧ たぬきの　３かい　上で、
左から　２番目　（　　　　　）

⑨ ねこの　２かい　下で、
右から　２番目　（　　　　　）

⑩ さるの　２かい　下で、
左から　２番目　（　　　　　）

たして　上へ　上へ ①　算数・計算

2年～
20分

名前

✿ となり　どうしの　数《かず》を　たして、上の　ますに　すすみましょう。

①

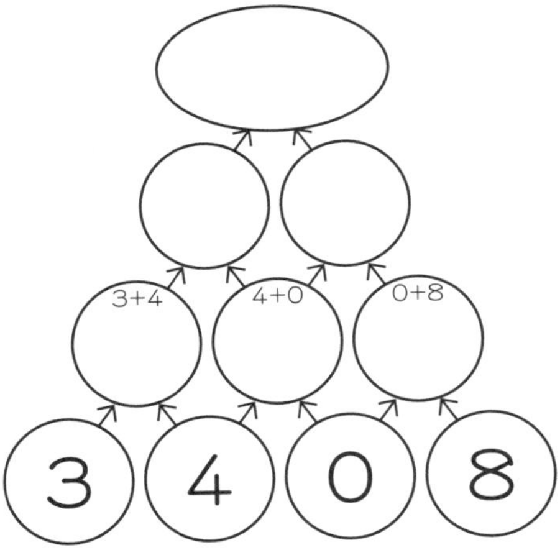

②

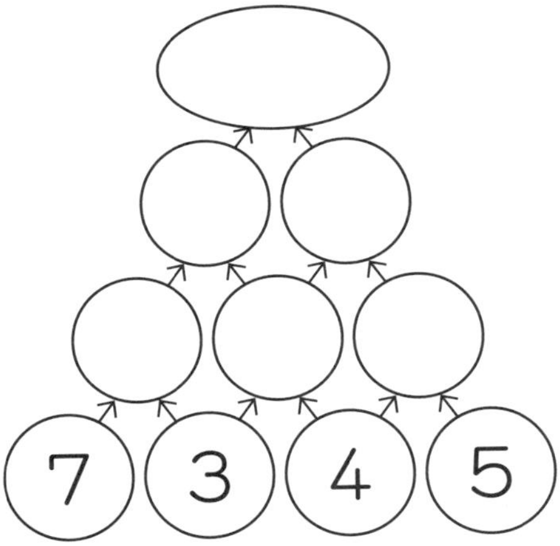

③

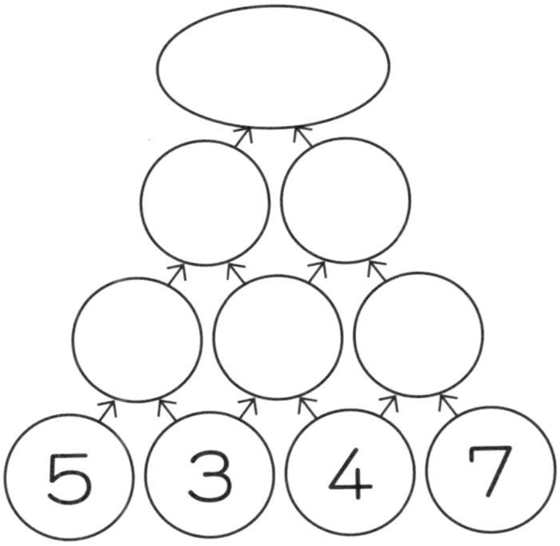

④

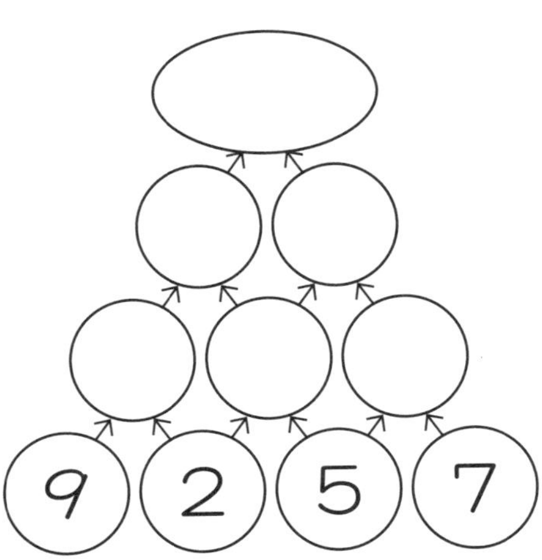

⑤

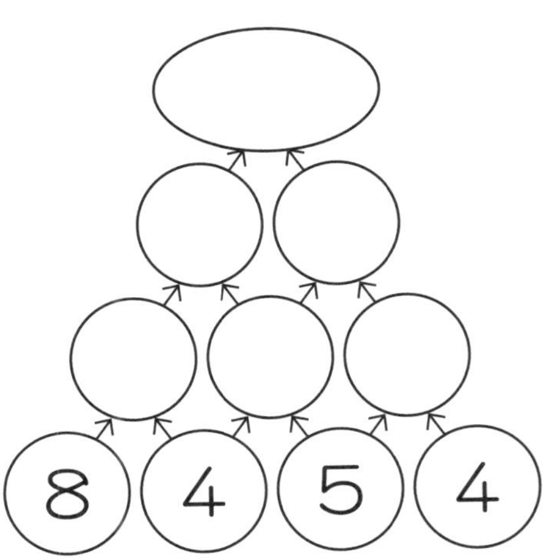

⑥

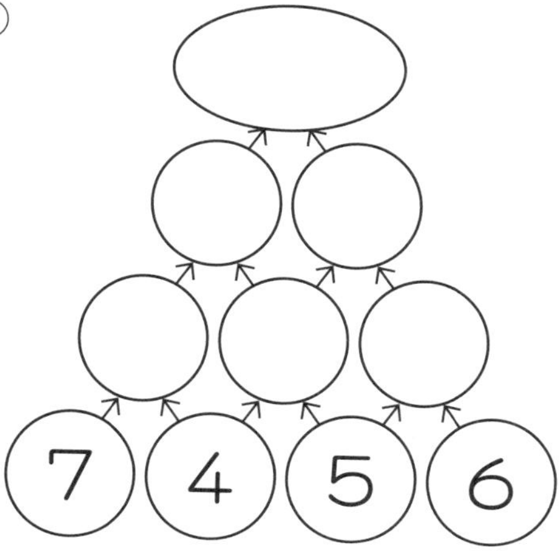
7 4 5 6

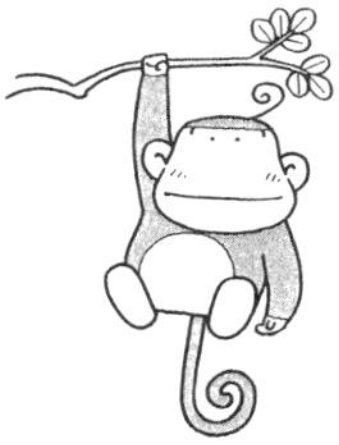

⑦

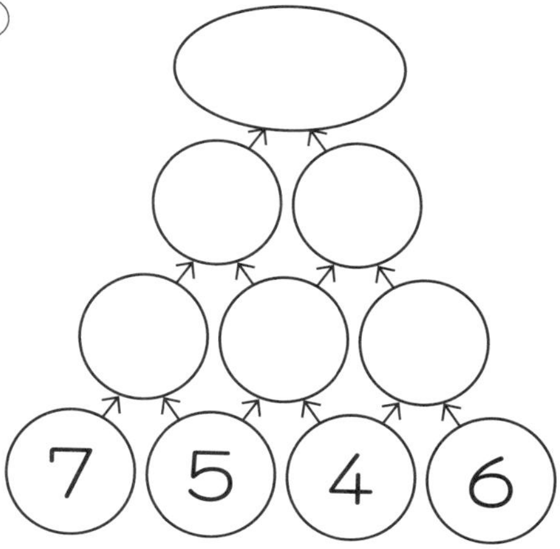
7 5 4 6

⑧

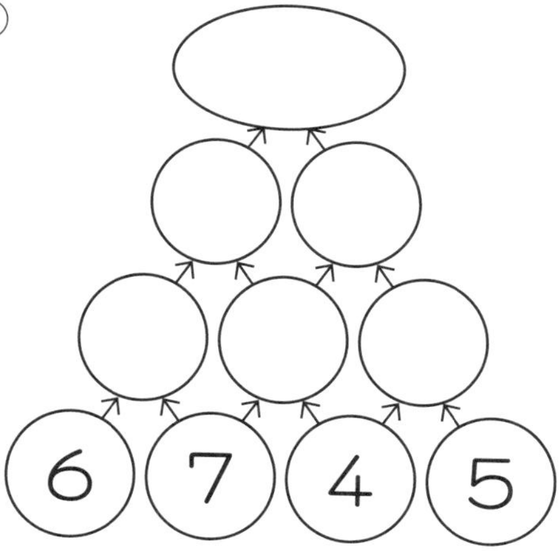
6 7 4 5

⑨

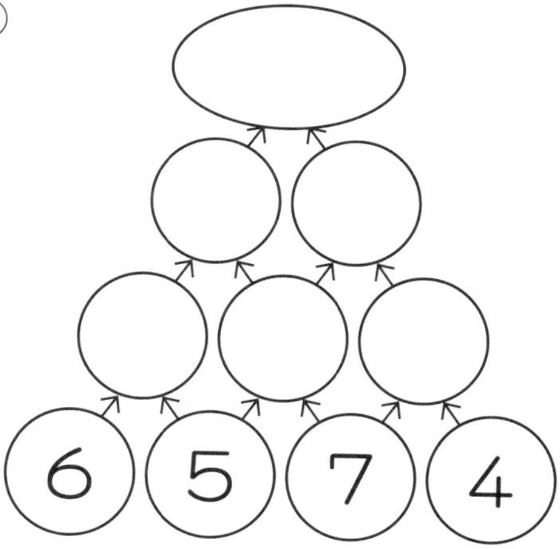
6 5 7 4

⑩

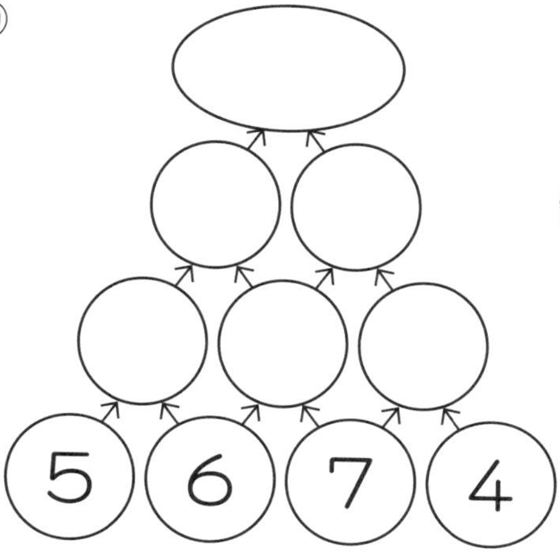
5 6 7 4

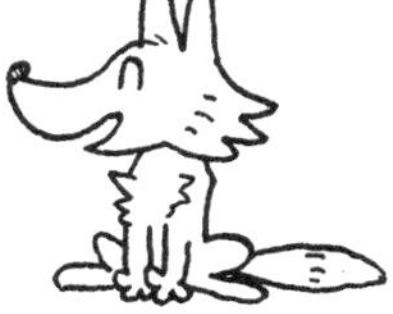

⑪

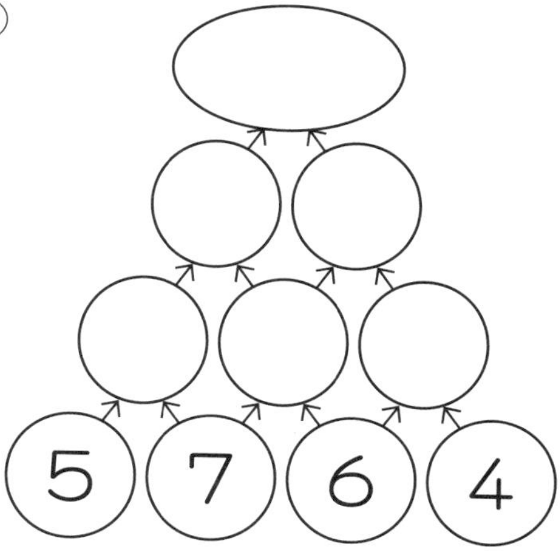
5 7 6 4

たして　上へ　上へ ②　｜　算数・計算

2年～　20分

名前

❀　となり　どうしの　数《かず》を　たして、上へ　つみあげて　いきましょう。

①

6+7	7+8	8+9	
6	7	8	9

②

7	9	8	6

③

9	12	0	19

④

12	9	8	15

⑤

13	7	14	8

⑥

18	7	13	8

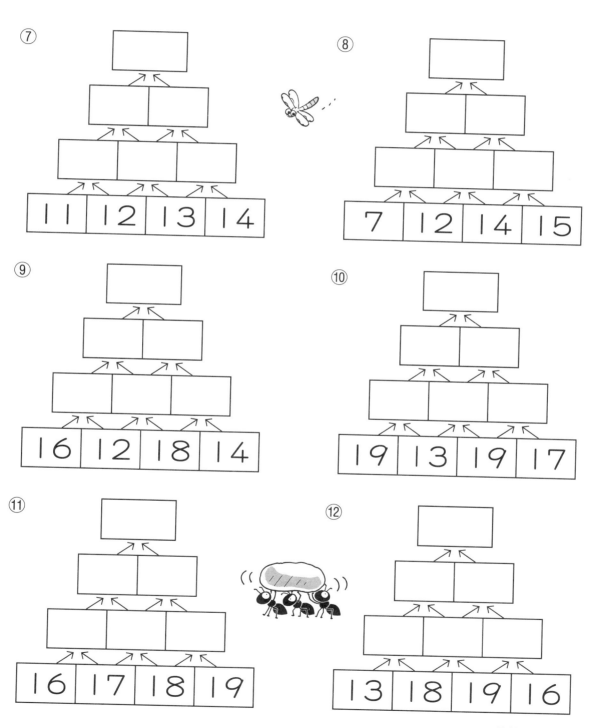

⑦

11	12	13	14

⑧

7	12	14	15

⑨

16	12	18	14

⑩

19	13	19	17

⑪

16	17	18	19

⑫

13	18	19	16

ひいて　下へ　下へ ①　｜算数・計算

2年～
20分

名前

❀ となり　どうしの　数《かず》を　くらべて、大きい　方《ほう》から　小さい　方を　ひき算《ざん》　しましょう。下まで　つづけて　しましょう。

①
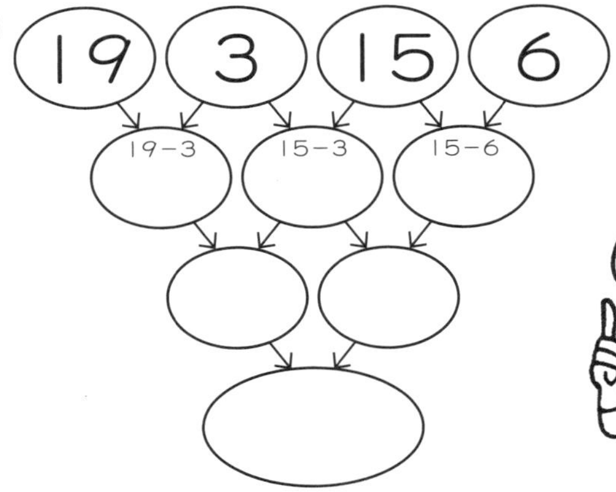
19
3
15
6
19−3
15−3
15−6

19と　3なら、19の　方が　大きいから、19−3です。
上から　じゅんに　計算《けいさん》しましょう。

②
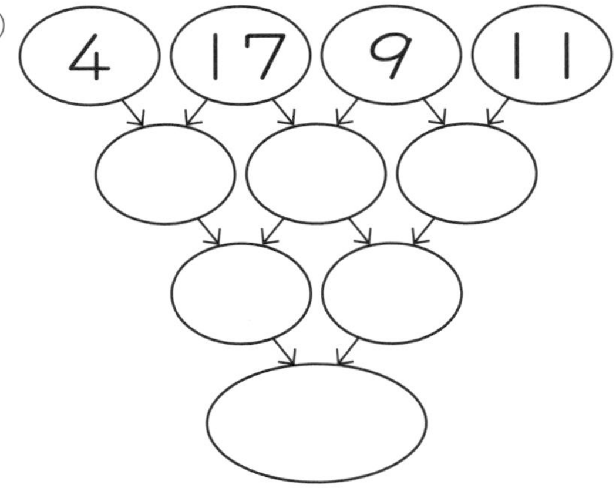
4
17
9
11

③
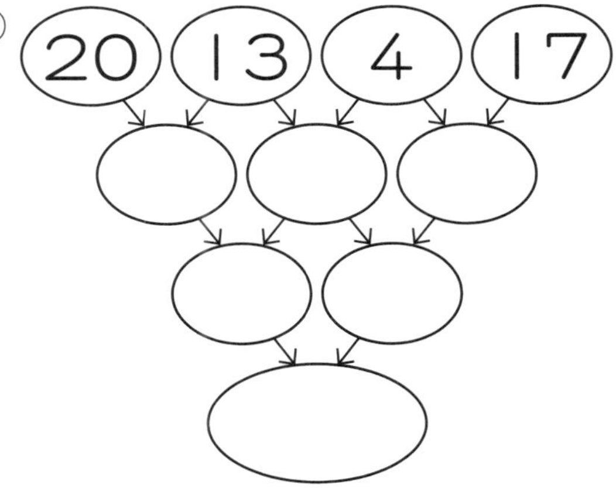
20
13
4
17

④
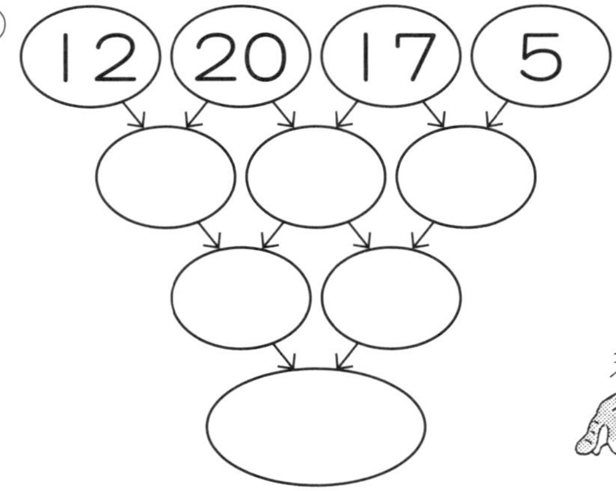
12
20
17
5

⑤
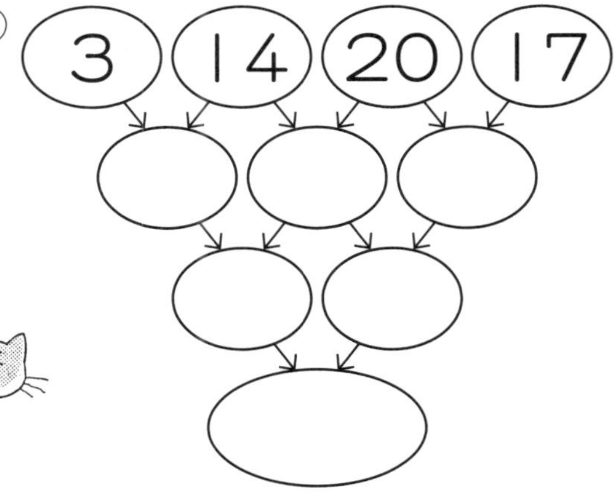
3
14
20
17

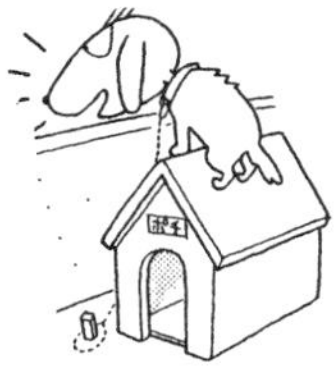

⑥ 20　3　12　5

⑦ 20　16　3　12

⑧ 4　12　18　6

⑨ 8　20　13　2

⑩ 16　18　7　16

⑪ 14　20　6　13

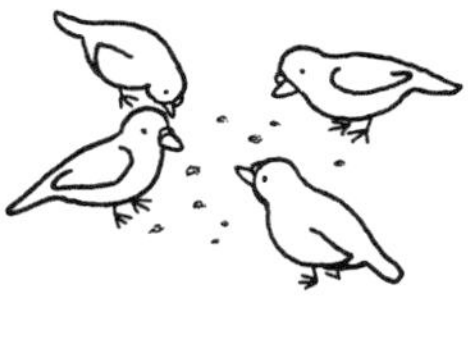

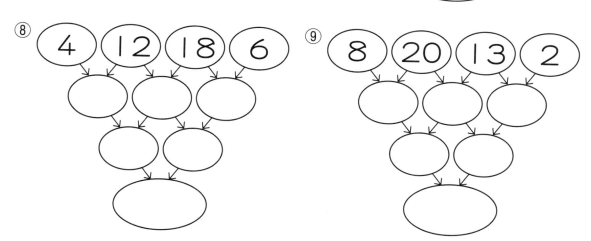

ひいて　下へ　下へ ②

算数・計算

2年～　20分

名前

✿ となり　どうしの　数《かず》を　くらべて、大きい　方《ほう》から　小さい　方を　ひき算《ざん》　しましょう。下まで　つづけて　しましょう。

①

28	15	12	7

②

8	14	29	26

③

24	27	16	8

④

20	8	18	20

⑤

29	20	13	4

⑥

28	17	10	20

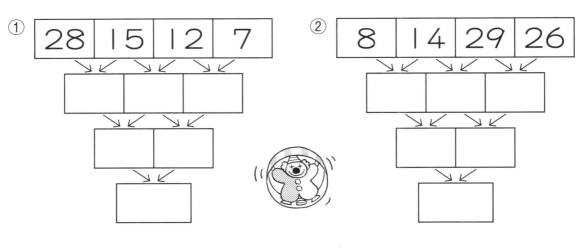

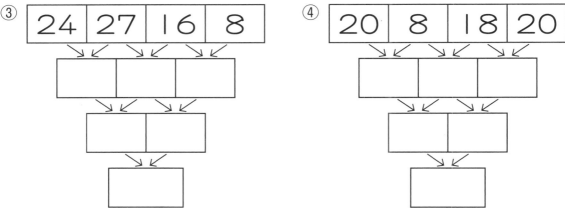

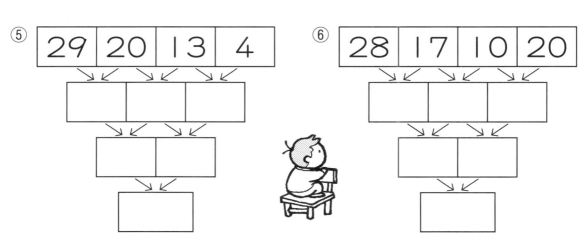

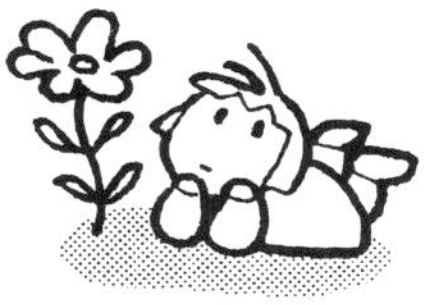

⑦

8	20	4	7

⑧

26	11	7	20

⑨

14	22	24	6

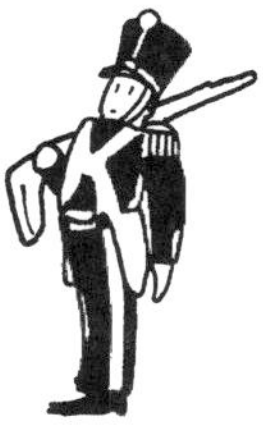

⑩

17	20	4	19

⑪

27	8	15	35

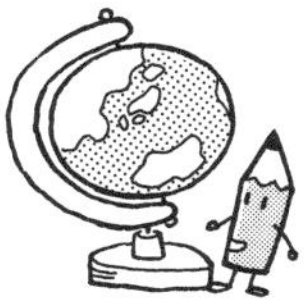

⑫

3	28	27	13

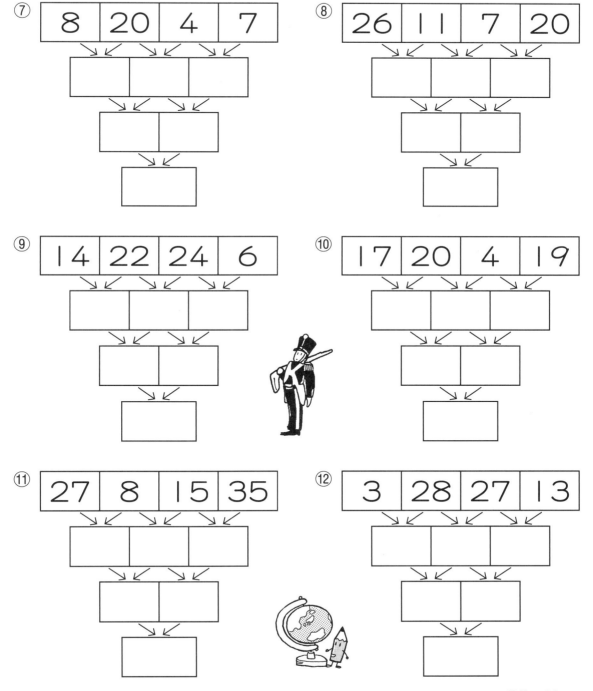

ひいたり　たしたり　して①　算数・計算

2年～

20分

名前

✿　となり　どうしの　数字《すうじ》を　たして　上に　すすむ　計算《けいさん》です。ところ　どころ　数字が　空いて　います。何《なに》が　入るか　考《かんが》えて、もんだいを　ときましょう。

①

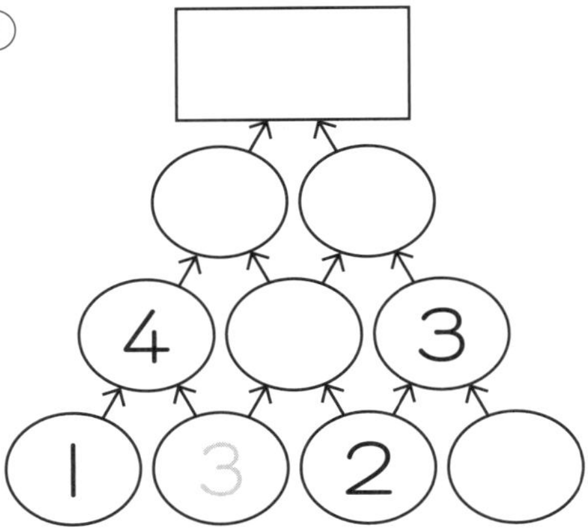

4　3
1　3　2

2と　何を　たせば、
3に　なるかな？
1つずつ　考えて、と
いて　いくでチュー。

②

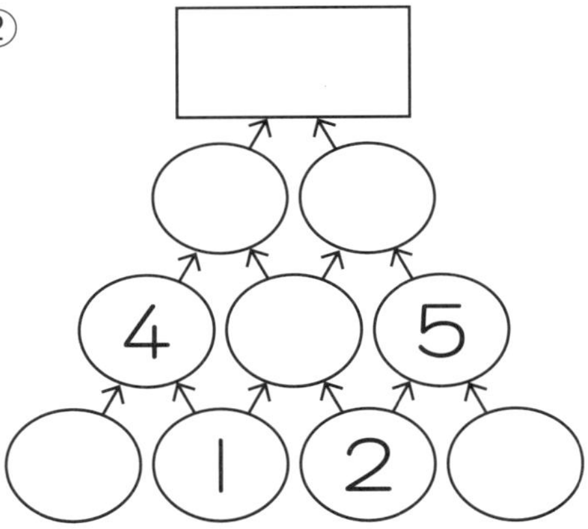

4　5
1　2

③

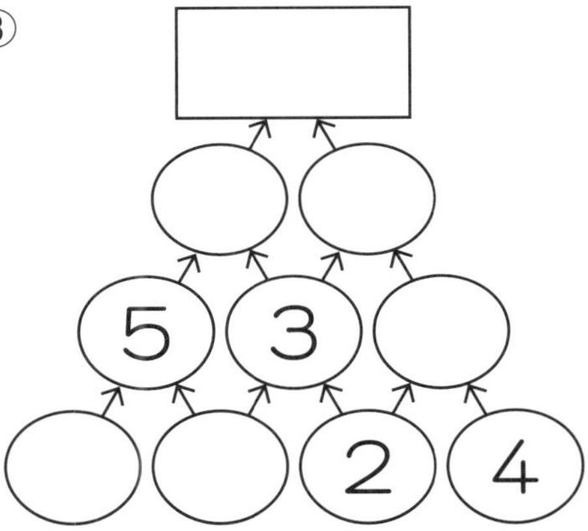

5　3
2　4

④

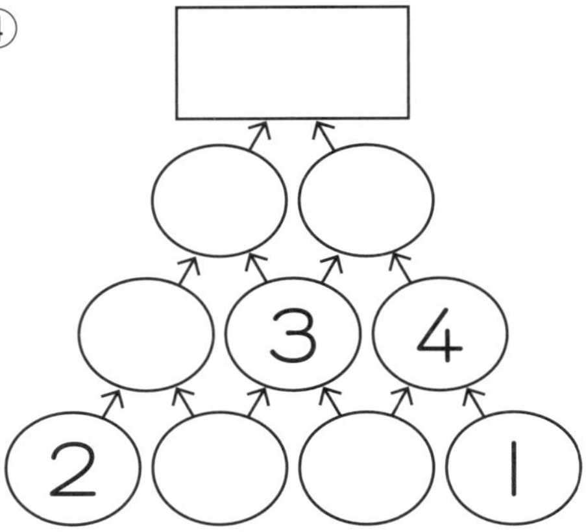

3　4
2　1

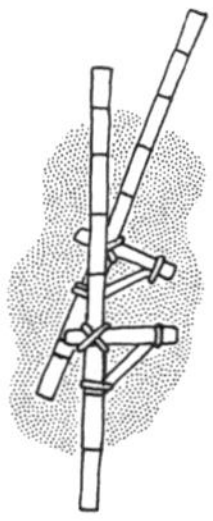

⑤

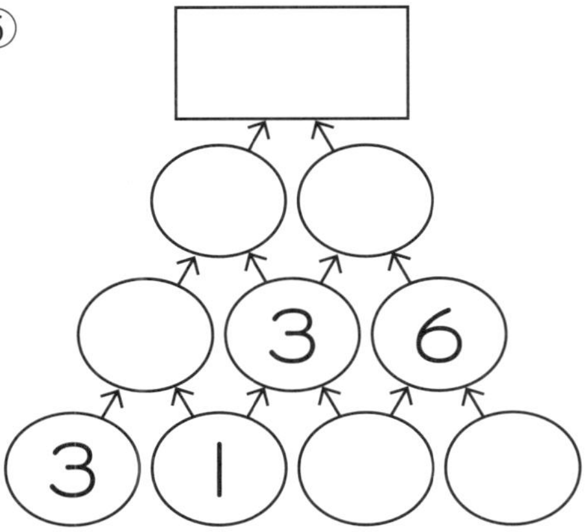

3　6
3　1

⑥

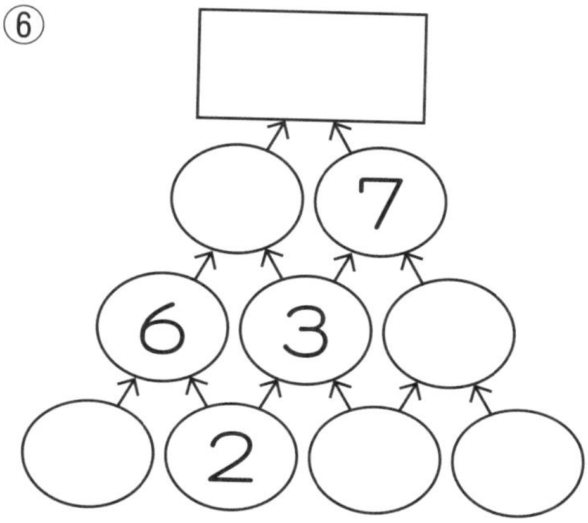

⑦

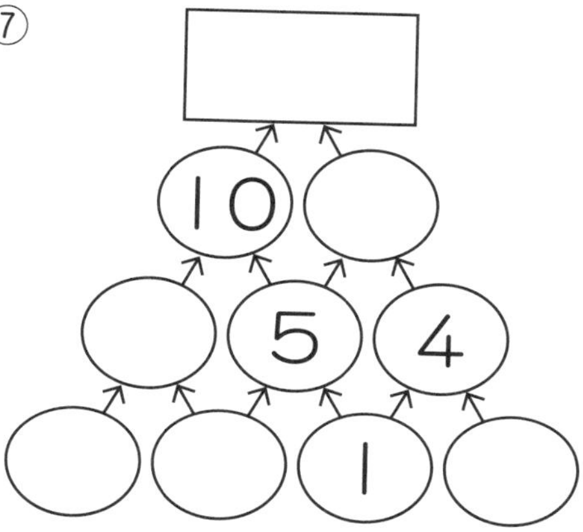

⑧

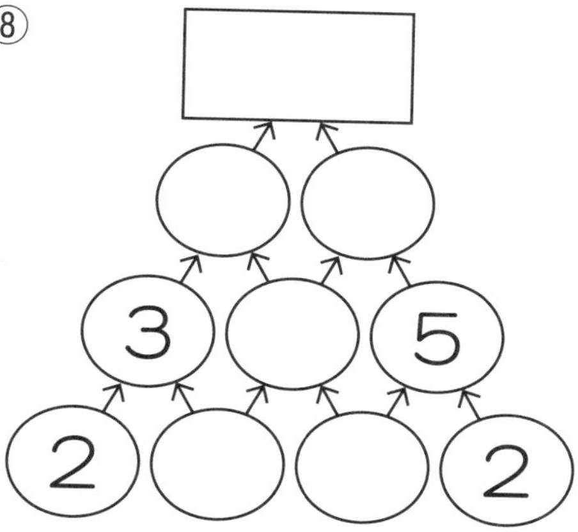

⑨

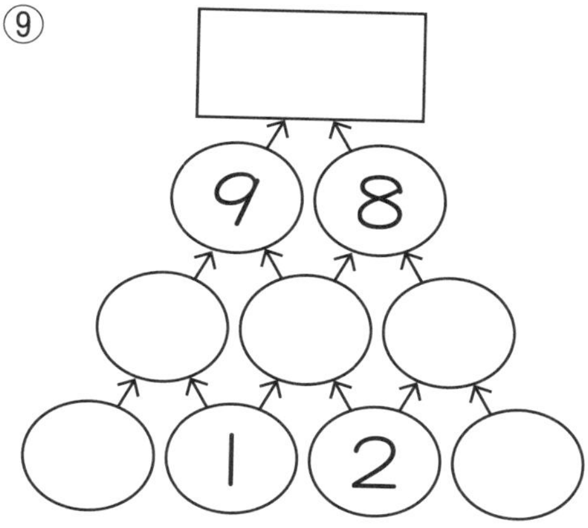

⑩

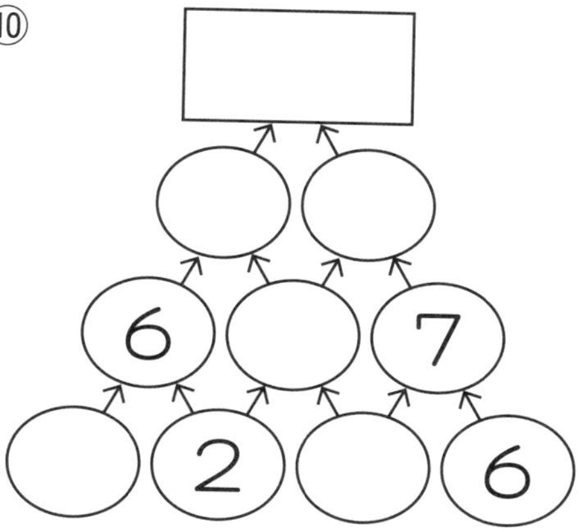

⑪

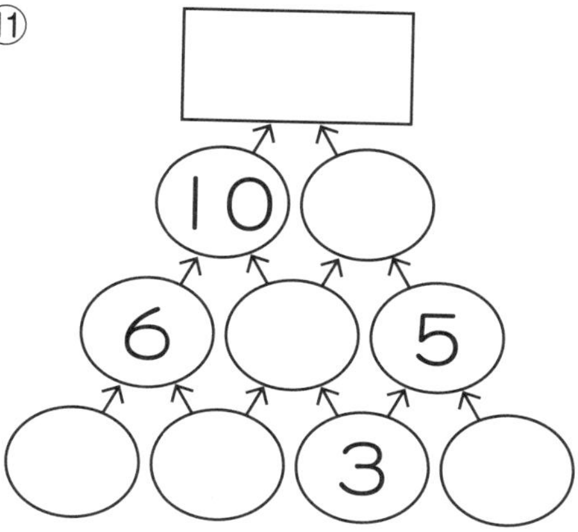

ひいたり　たしたり　して②　算数・計算

2年～　20分

名前

✿ となり　どうしの　数字《すうじ》を　たして　上に　すすむ　計算《けいさん》です。ところ　どころ　数字が　空いて　います。何《なに》が　入るか　考《かんが》えて、もんだいを　ときましょう。

①

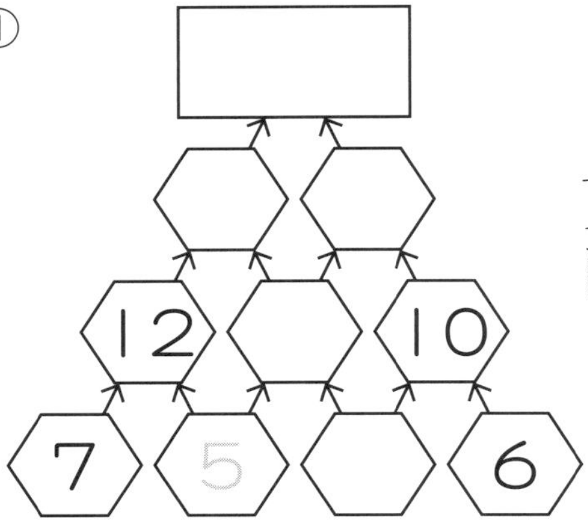

12　10
7　5　6

②

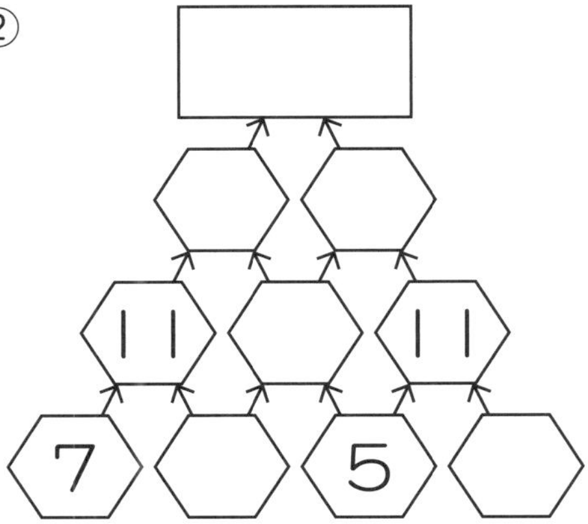

11　11
7　5

③

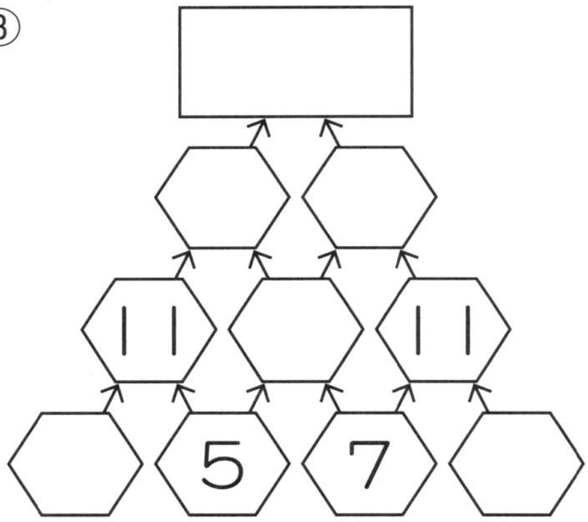

11　11
5　7

④

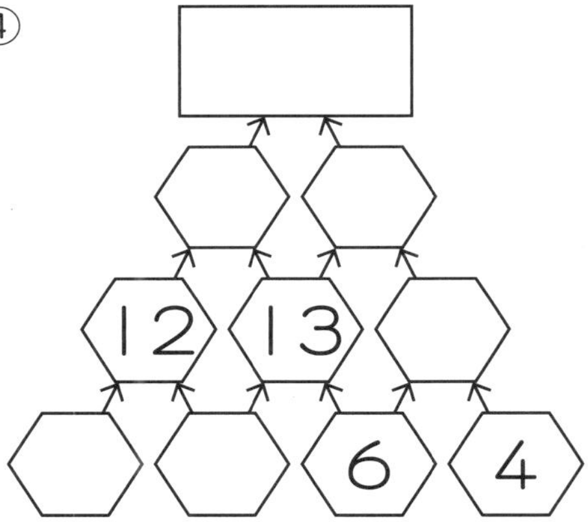

12　13
6　4

⑤

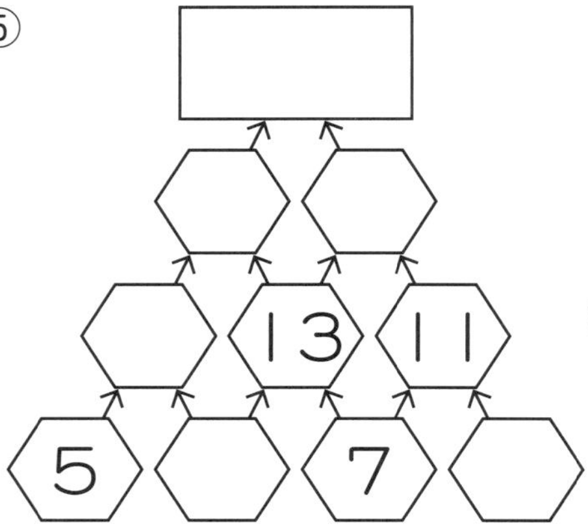

13　11
5　7

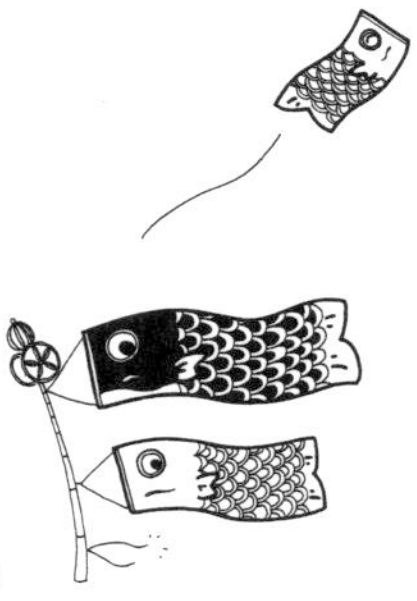

⑥

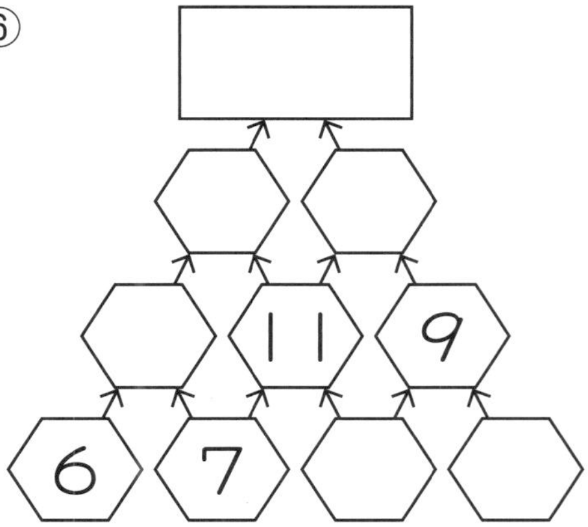

11　9
6　7

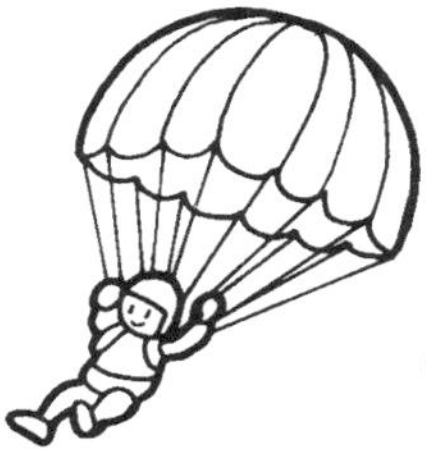

⑦

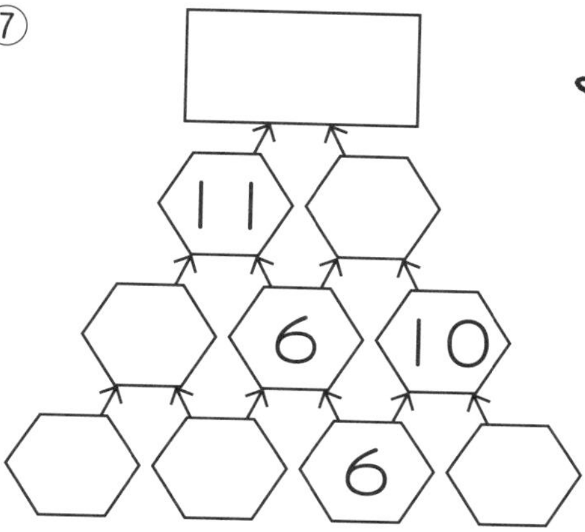
11
6
10
6

⑧

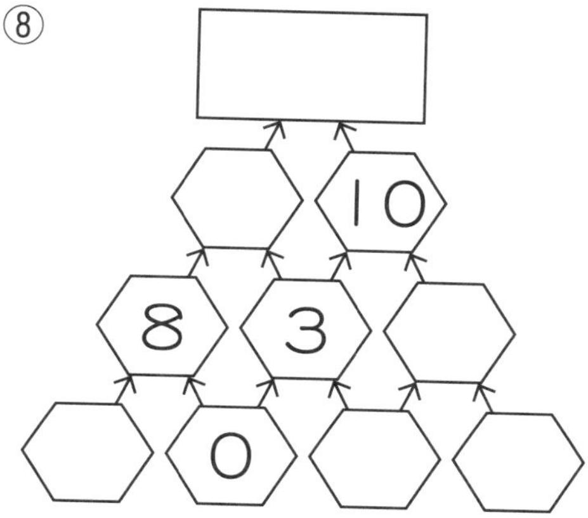
10
8
3
0

⑨

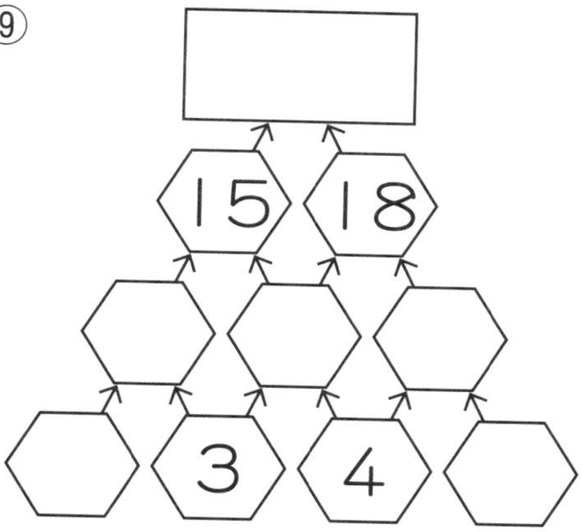
15
18
3
4

⑩

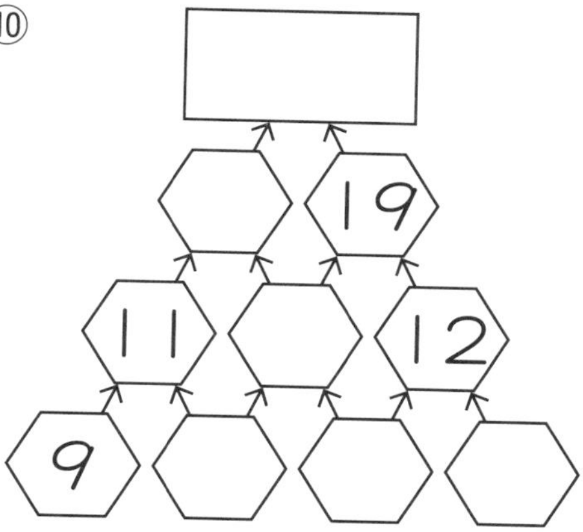
19
11
12
9

⑪

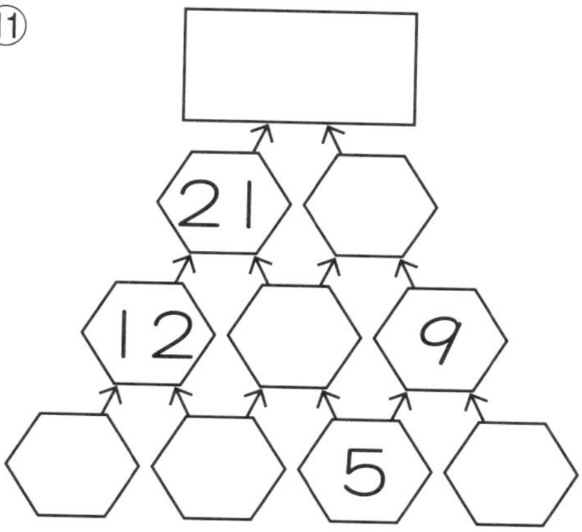
21
12
9
5

⑫

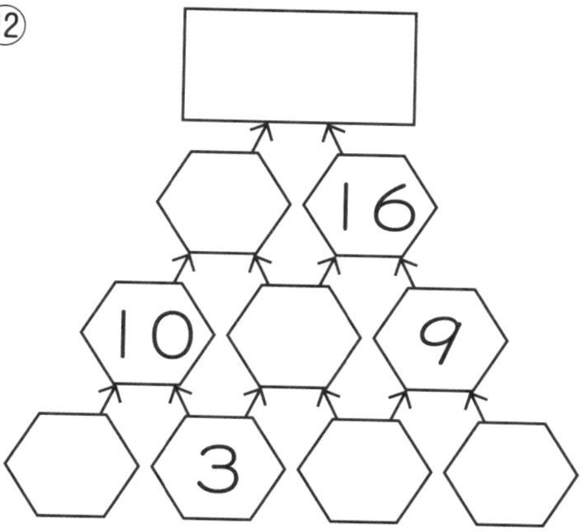
16
10
9
3

たして から ひく ②　算数・計算

2年〜　20分

名前

✿ となり どうしの 数《かず》を ひき算《ざん》して 下に すすむ もんだいです。数が わからない ところが あります。何《なに》が 入るか 考《かんが》えて、ぜんぶの マスを うめましょう。

①

18	3		7
18−3 15		10	

②

7			7
9		12	

③

	10	4	
14		12	

④

7		3	
8		15	

⑤

	3	9	
9	8		

⑥

11	6		
	7		
	9		

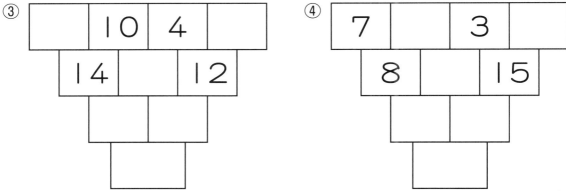

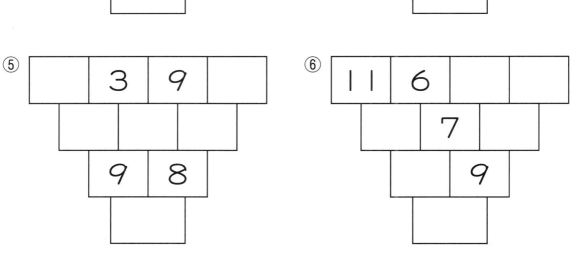

⑦

		3	21
	4		
7			

⑧

	9	3	
11		9	

⑨

6			5
15		12	

⑩

	4	11	
8	12		

⑪

6		9	
12		18	

どう？　みんなできた？

いや〜、
むずかしかったよ〜。

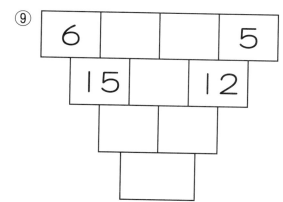

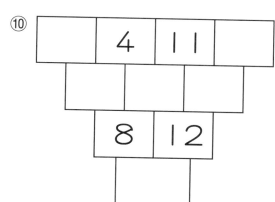

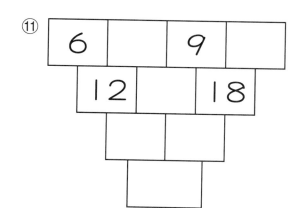

たしたり　ひいたり　算数・計算

2年～
40分

名前

1　たして、たしましょう。

①

	2	9
+	1	9
	4	8
+	2	9
	7	7

②

	2	8
+	2	6
+	2	7

③

	1	7
+	2	7
+	2	7

④

	3	8
+	2	7
+	1	6

⑤

	1	8
+	2	8
+	3	8

⑥

	2	7
+	3	9
+	1	8

2　たして、ひきましょう。

①

	5	7
+	3	6
−	4	8

②

	2	4
+	6	7
−	5	8

③

	3	7
+	3	8
−	4	9

④

	2	5
+	5	8
−	6	7

⑤

	5	6
+	2	9
−	5	7

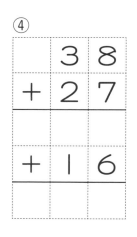

3 ひいて、たしましょう。

①

	8	1
−	5	4
＋	2	8

②

	6	4
−	2	7
＋	3	6

③

	9	2
−	5	4
＋	1	7

④

	7	5
−	5	9
＋	4	8

⑤

	8	2
−	2	8
＋	3	7

4 ひいて、ひきましょう。

①

	9	1
−	1	8
−	2	7

②

	6	2
−	1	9
−	1	7

③

	8	2
−	2	6
−	3	8

④

	9	3
−	3	8
−	2	9

⑤

	7	3
−	1	9
−	2	6

たして　たして　｜算数・計算

2年～
20分

名前 ＿＿＿＿＿＿＿＿＿＿＿＿

1　□に、1 2 3 4 5 6 7 8の 数《かず》を 入れて、答《こた》えを 10に しましょう。同《おな》じ 数を 2回《かい》 つかう ことも あります。

① 1 ＋ 2 ＋ 7 ＝ 10

② 1 ＋ □ ＋ □ ＝ 10

③ 1 ＋ □ ＋ □ ＝ 10

④ 1 ＋ □ ＋ □ ＝ 10

⑤ 2 ＋ □ ＋ □ ＝ 10

⑥ 2 ＋ □ ＋ □ ＝ 10

■＋□＋□で、答えが　10に　なる
たし算は、36通《とお》りも　あるよ！

2 □に、123456789の 数を 入れて、答えを 16に しましょう。同じ 数を 2回 つかう ことも あります。

① 2 ＋ □ ＋ □ ＝ 16

② 9 ＋ □ ＋ □ ＝ 16

③ 4 ＋ □ ＋ □ ＝ 16

④ 7 ＋ □ ＋ □ ＝ 16

⑤ 5 ＋ □ ＋ □ ＝ 16

⑥ 3 ＋ □ ＋ □ ＝ 16

■＋□＋□で、答えが 16に なる たし算は、60通りも あるよ！

ひいて　ひいて｜算数・計算

2年～
20分

名前 ＿＿＿＿＿＿＿＿＿＿

1　□に、1 2 3 4 5 6 7の 数《かず》を 入れて、答《こた》えを 11に しましょう。同《おな》じ 数を 2回《かい》 つかう ことも あります。

① 19 － 5 － 3 ＝ 11

② 19 － □ － □ ＝ 11

③ 18 － □ － □ ＝ 11

④ 18 － □ － □ ＝ 11

⑤ 17 － □ － □ ＝ 11

⑥ 16 － □ － □ ＝ 11

ア－□－□　アの　数を　13、14、15、16、17、18、19とすると、ぜんぶで　28通《とお》りの　ひき算《ざん》が　できます。

2　□に、123456789の 数を 入れて、答えを 10、12、13に しましょう。同じ 数を 2回 つかう ことも あります。

① 19 − □ − □ ＝ 12

② 17 − □ − □ ＝ 12

③ 18 − □ − □ ＝ 10

④ 16 − □ − □ ＝ 10

⑤ 17 − □ − □ ＝ 13

⑥ 19 − □ − □ ＝ 13

もんだいに　ある　答えの　数が　ほかの　数の　ばあいも
計算《けいさん》　してみましょう。

2 えを 見《み》て、しりとりに なるように かいて いきましょう。

①

ば

↓

↓

↓

②

↓

↓

↓

しりとり ①

こくご・ことば

1年～

20分

なまえ

1 えを 見《み》て、しりとりに なるように かいて いきましょう。

①

あり

②

か

2

えから　さがして　しりとりを　しましょう。つかわない　えが　二つ　あります。

①

□
↓
ごりら
↓
□
↓
□

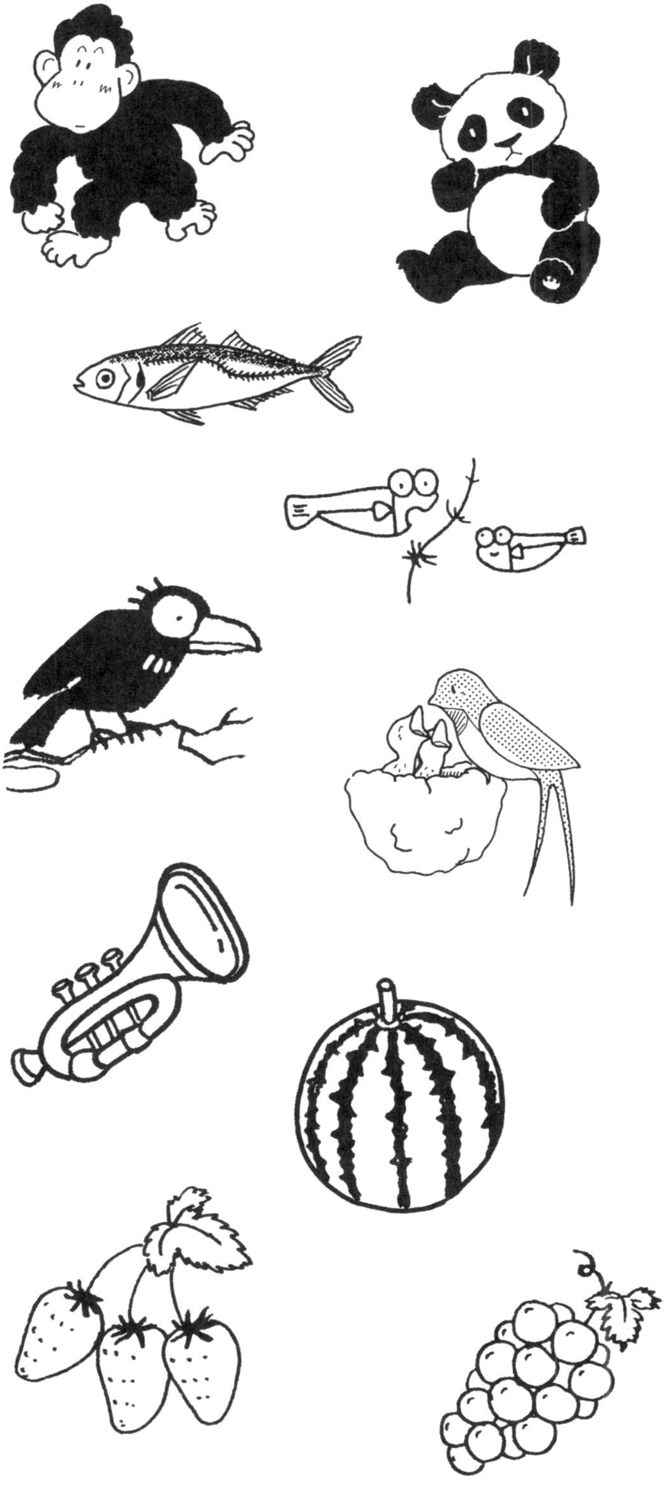

②

□
↓
めだか
↓
□
↓
□

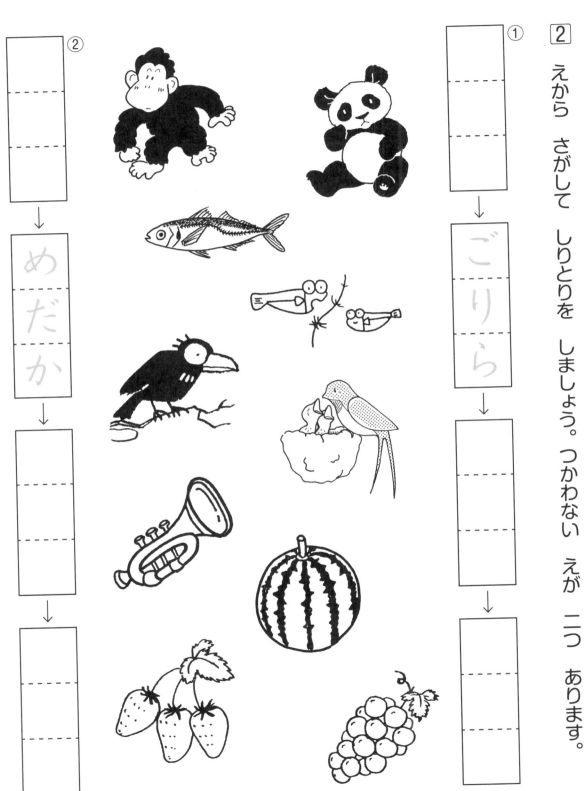

しりとり ②　こくご・ことば

1年～　20分

なまえ

1 えから さがして しりとりを しましょう。つかわない えが 二《ふた》つ あります。

①

↓

↓

こたつ

↓

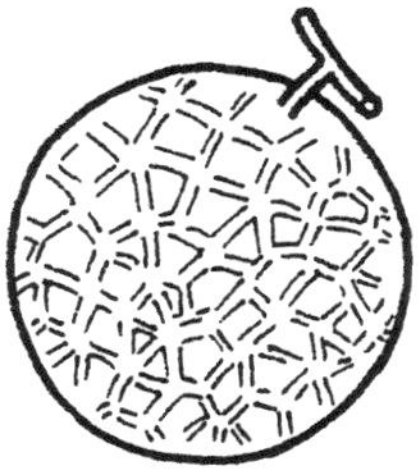

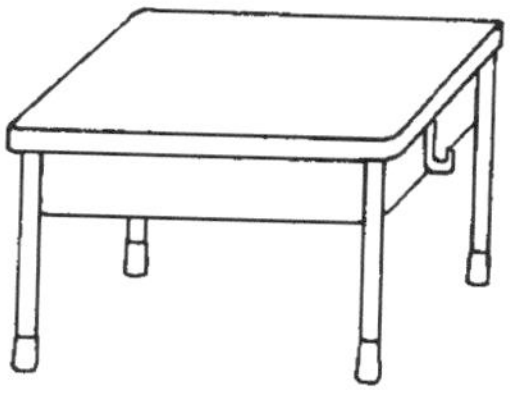

②

↓

↓

かもめ

↓

2

もう、一《いち》もん

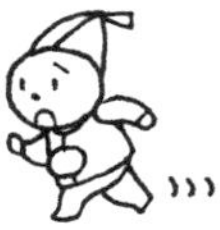

あ

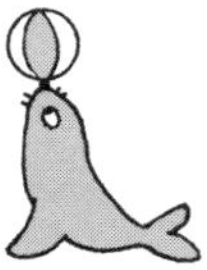

かもめ

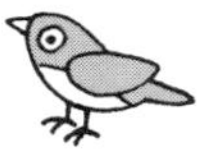

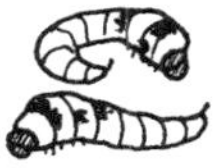

ろうか

こたつ

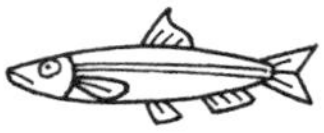

きかい

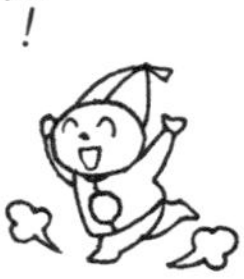

し

ゴール！

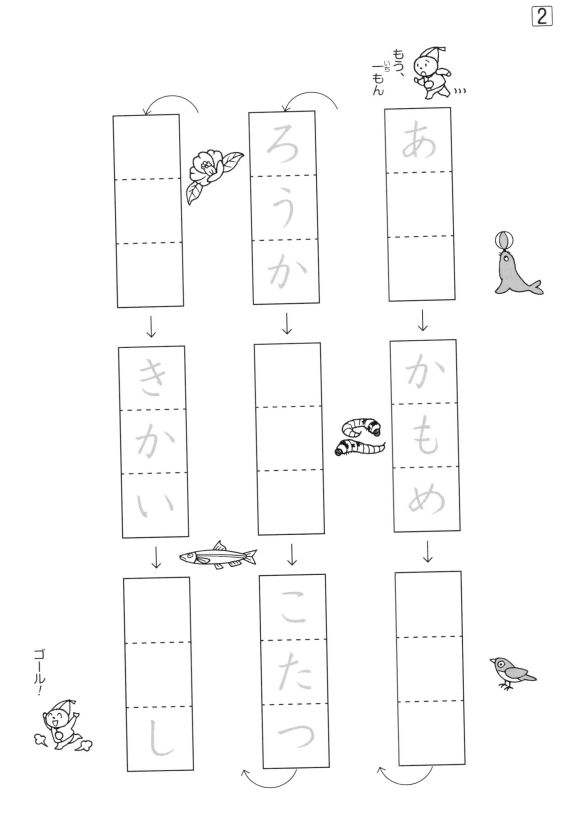

しりとり ③

こくご・ことば

1年～
20分

なまえ

1

□□□に、あう 文字《もじ》を 入《い》れて しりとりを します。
うすい 文字は なぞりがきを します。
さいごに ことばを よみます。

きつね
↓

□□□
↓

みなと

□□□
↓
かたな
↓
□□□

だんご
↓
□□□
↓
らくだ

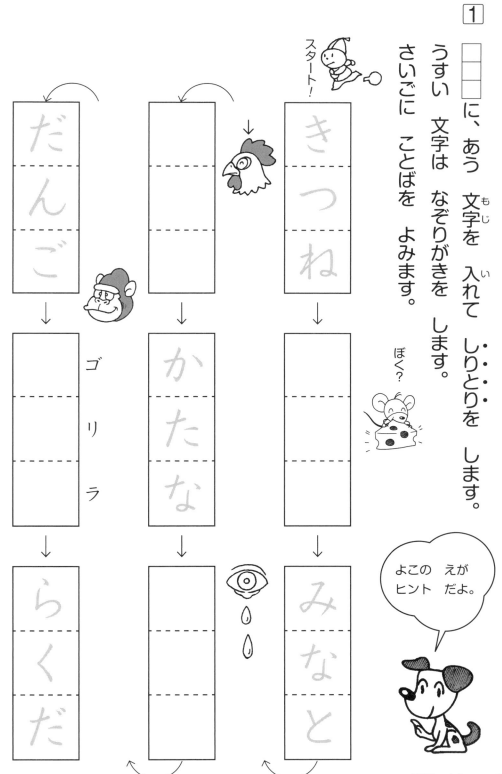

4

① □ち
② □り
③ □み

（こあめはせ）

5

① □り
② □く
③ □ら

（うばゆめき）

6

① □し
② □じ
③ □か

（きとたわび）

（　）の　中に　字が　二つ　のこったね。○でかこんでごらん。どんな　ことばが　でてくるかな。

4は、虫《むし》
5は、花《はな》
6は、とりの
名まえが　入るよ。

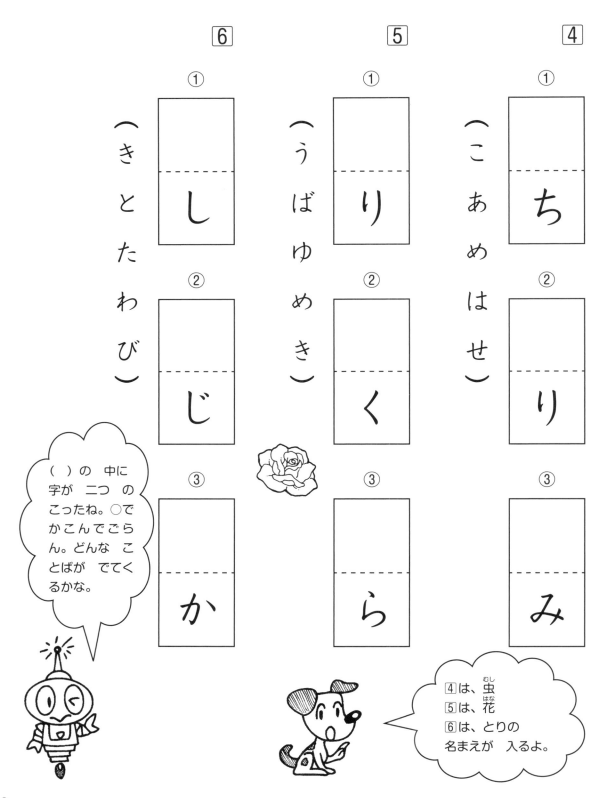

ことば あそび

こくご・ことば

1年〜

20分

なまえ

✿ □に 字《じ》を 入《い》れて、ことばに しましょう。

1

① う□

② と□

（まがらむ）

2

① り□

② わ□

③ い□

（につぬすき）

3

① か□

② ね□

③ く□

（まあめぶこ）

□に 入れる 字は、（ ）の 中《なか》から さがします。

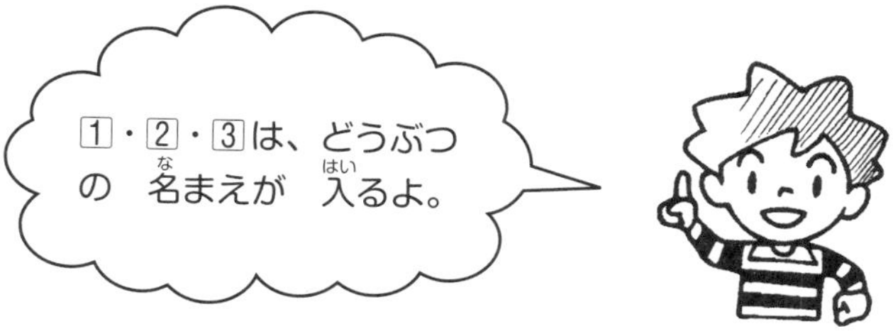
1・2・3は、どうぶつの 名《な》まえが 入《はい》るよ。

3

① うさ

② うず

③ うち

④ うど

⑤ うえ

⑥ うろ

（らぎかきこわばん）

4

① おは

② おば

③ おん

④ おど

⑤ おで

⑥ おが

（ぎとりぶわけらこ）

（　）の 中《なか》に 字が 二つ のこったね。○で かこんで ごらん。どんな ことばが 出《で》て くるかな。

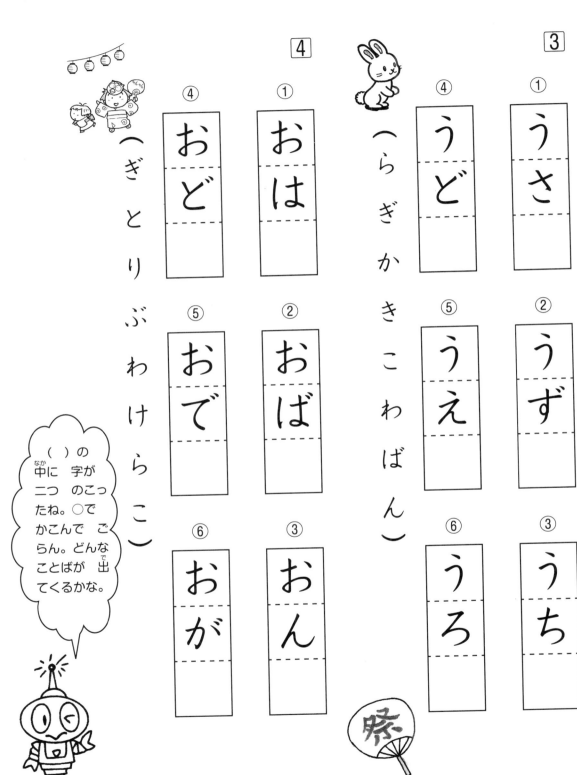

ことば　づくり ①　こくご・ことば

1年～　20分

なまえ

✿ □に　一字《いちじ》　入《い》れて、ことばを　つくりましょう。

1

① あさり

② あく□

③ あず□

④ あぶ□

（らたりまかき）

2

① いる□

② いと□

③ いわ□

④ いた□

⑤ いび□

⑥ いか□

（こしかへきちりび）

□に　入れる　字は、（　）から　えらびましょう。

あさら
あさた
あさり！

3

①

い		ち
	ぬ	
	き	

②

け		し
	か	
	で	

③

さ		ら
	す	
	り	

（くむねたこ）

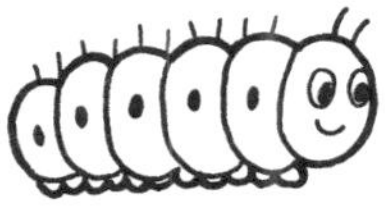

4

①

つ		よ
	り	
	ん	

②

ね		み
	ぼ	
	ん	

③

ふ		ろ
	じ	
	ら	

（いきぬくず）

（　）の　中に　字が　二つ　のこったね。○で　かこんでね。どんな　ことばが　でてくるかな。

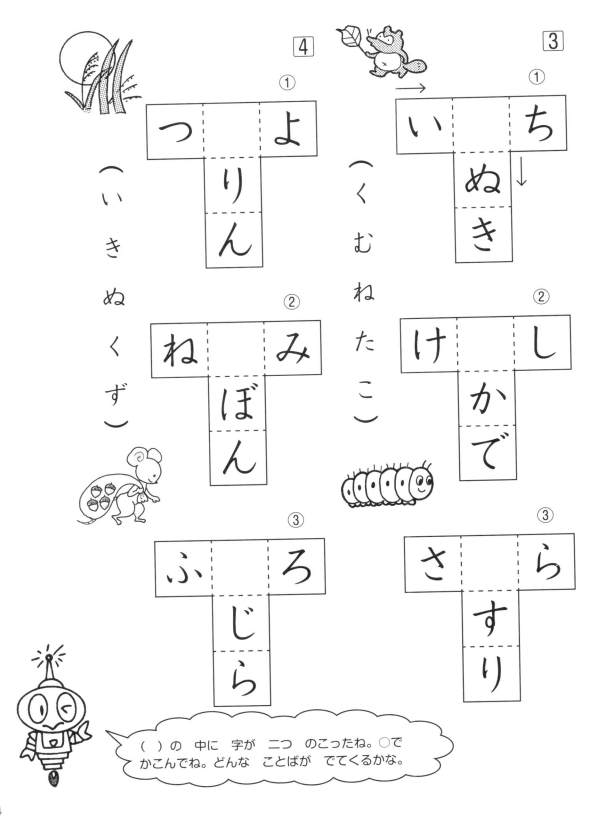

1年～　20分

なまえ

✿ □に 一字《いちじ》 入《い》れて、ことばを 二《ふた》つずつ つくりましょう。

1

①

→ す ず め
↓ （め）だ か

（や か ~~め~~ ま）

②

あ し □
（□）も め

2

①

て が □
（□）や げ

②

ぬ り □
（□）ほ ん

③

ふ す □
（□）く ら

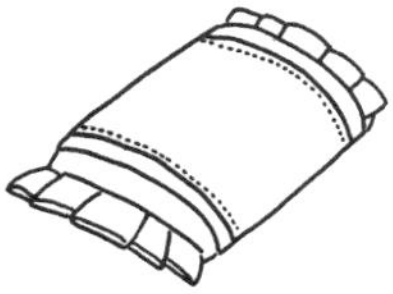

（え か ま わ み）

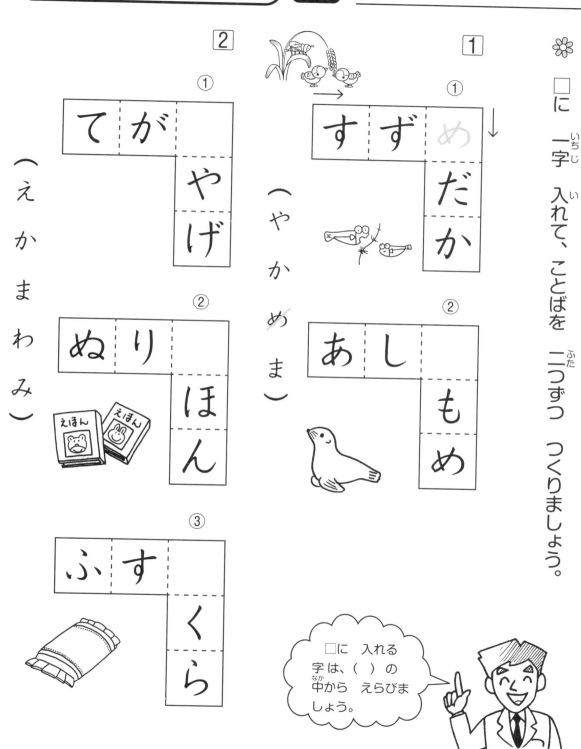

3

①

	つ	
あ		び
	え	

②

	さ	
と		ぼ
	ぽ	

③

	た	
こ		り
	る	

（おくかべん）

4

①

	ふ	
こ		ば
	ん	

②

	あ	
い		ち
	ま	

③

	て	
り		ご
	と	

（やねんとた）

（ ）の 中《なか》に 字が 二つ のこったね。○で かこんでね。どんな ことばが でてくるかな。

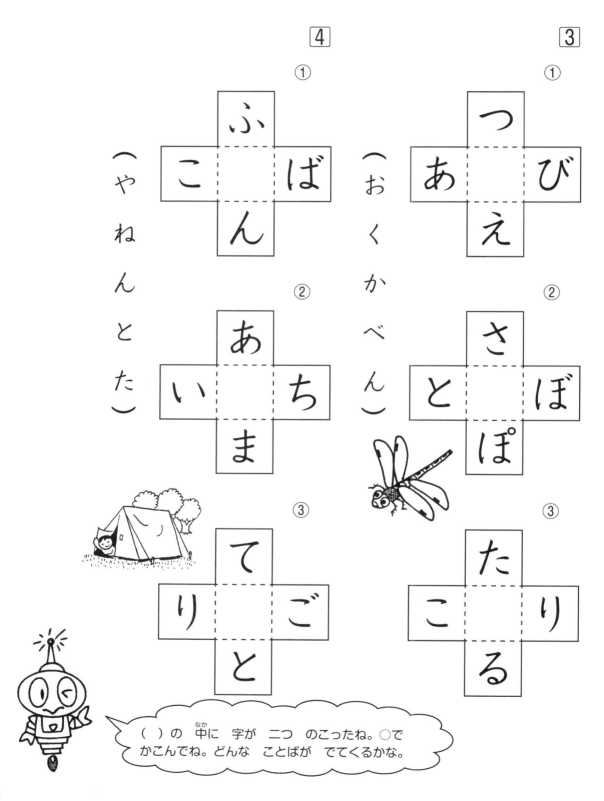

1年〜　20分

なまえ

✿ □に 一字《いちじ》 入《い》れて、ことばを 二《ふた》つずつ つくりましょう。

1

①

	だ ↓	
→ れ	□	ず
	す	

②

	ま	
ひ	□	じ
	り	

（つ　え　ん　び）

2

①

	ら	
ぽ	□	ぷ
	ぷ	

②

	し	
く	□	げ
	が	

③

	あ	
ち	□	わ
	ま	

（か　ん　に　く　ら）

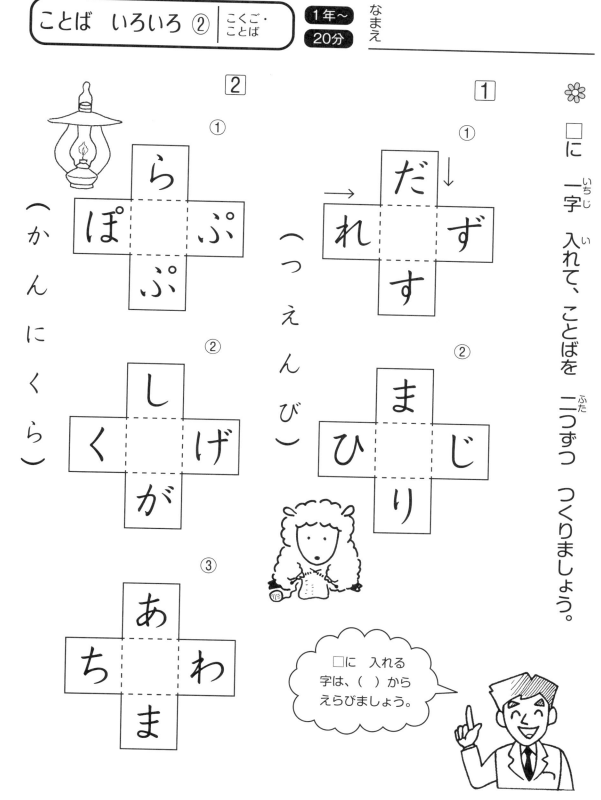

2

すやたか

一字　入れたら　なぞりがき。かいたら　よんでね。

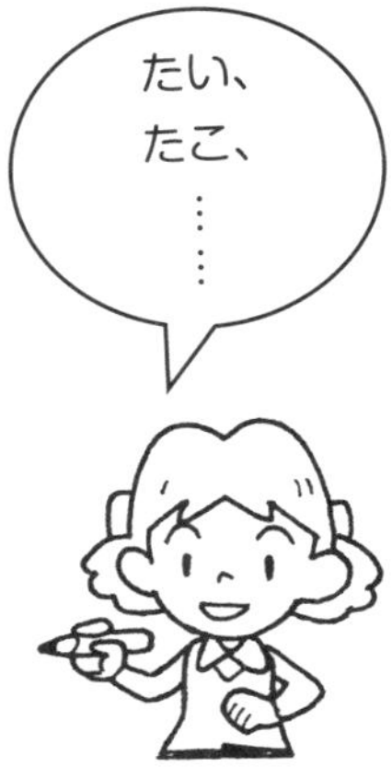

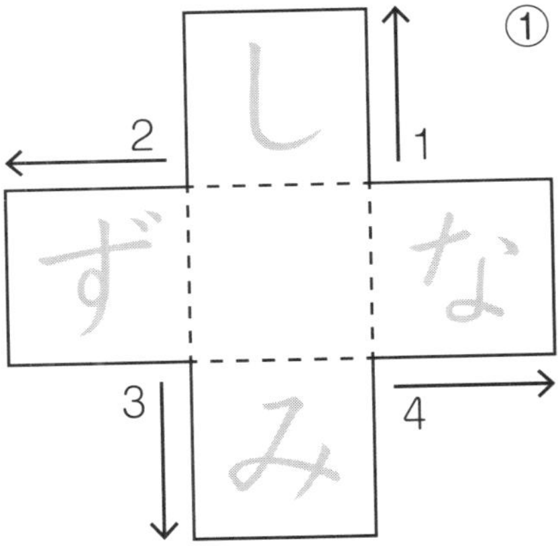

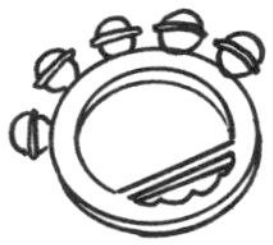

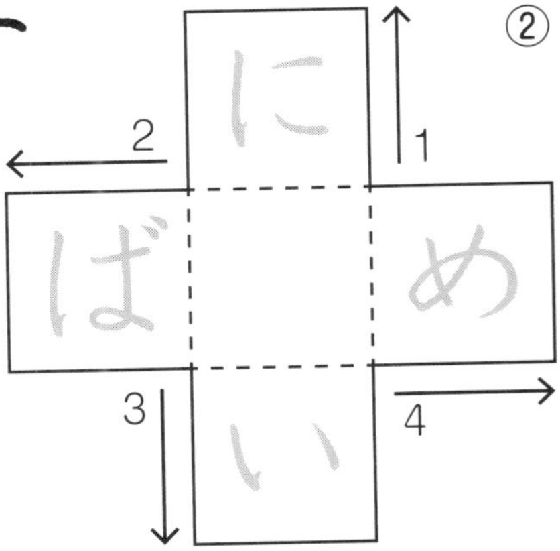

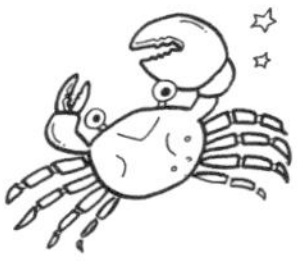

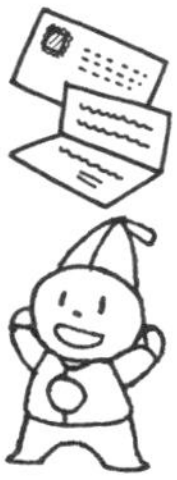

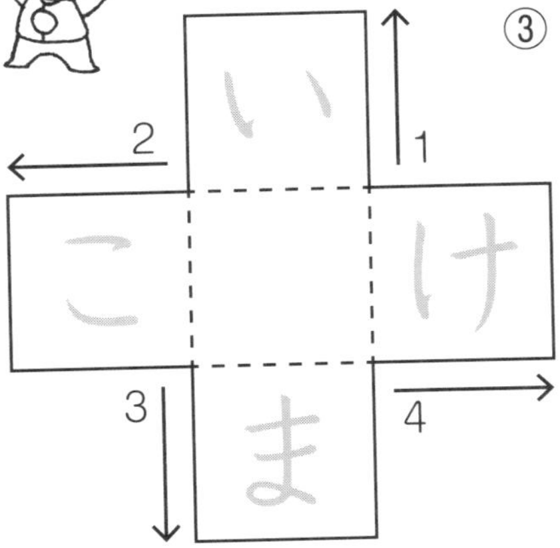

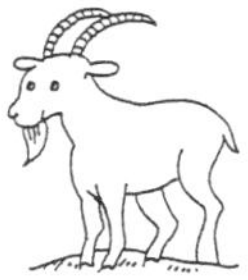

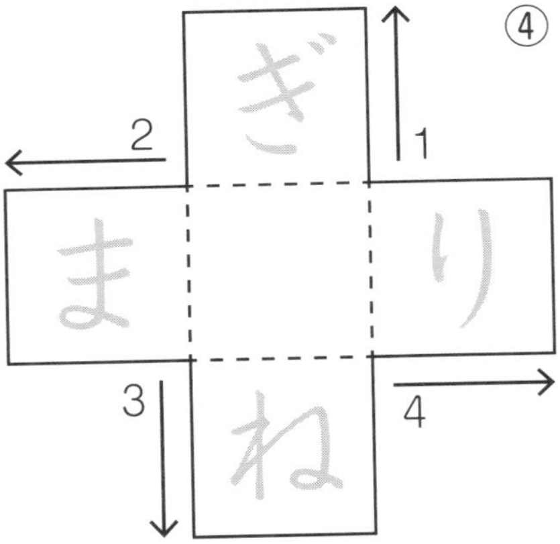

つくって　みよう。

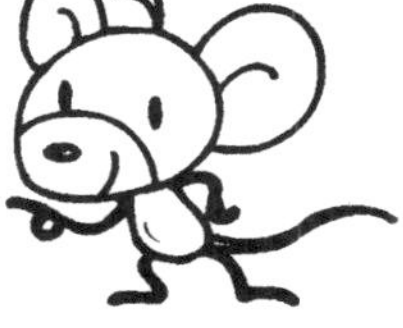

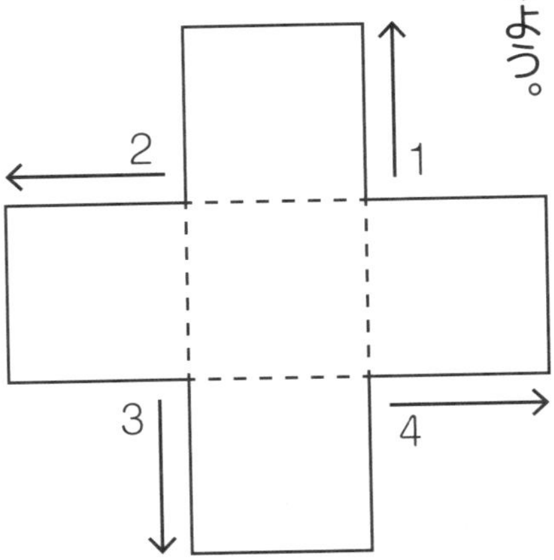

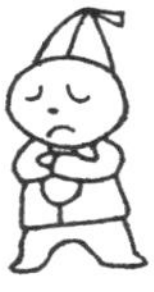

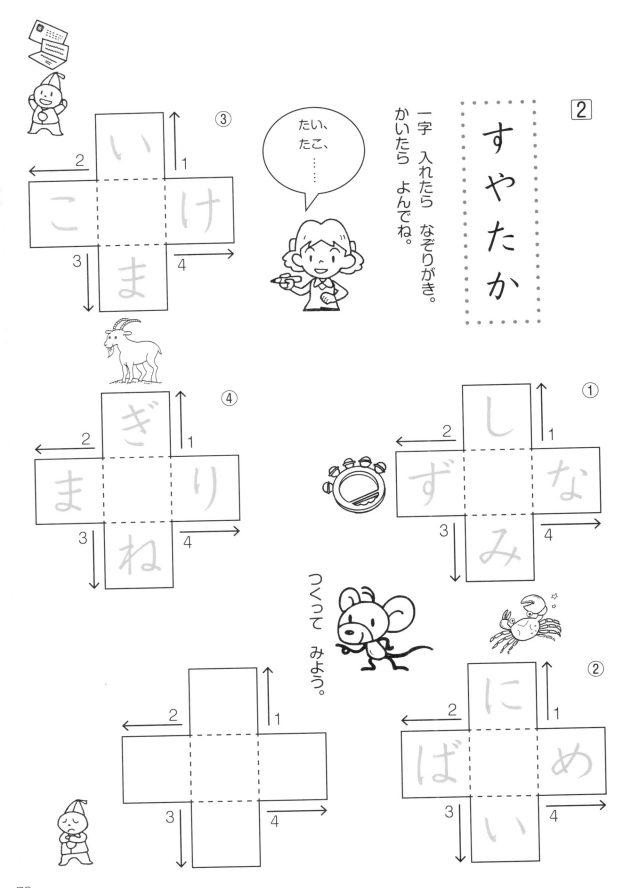

ことば あそび 二文字《にもじ》 こくご・ことば

1年～ 20分

なまえ

✿ まん中《なか》の □に、一字《いちじ》 入《い》れると、二文字《にもじ》の ことばが 四《よ》つ できます。
↓の ほうへ よむ ことばです。
うすい 文字は、なぞりがきを します。

1

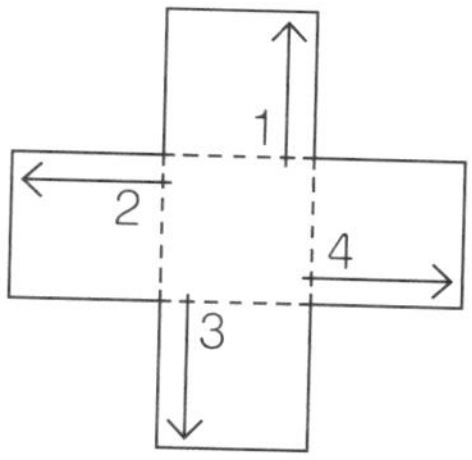

い ま さ

①

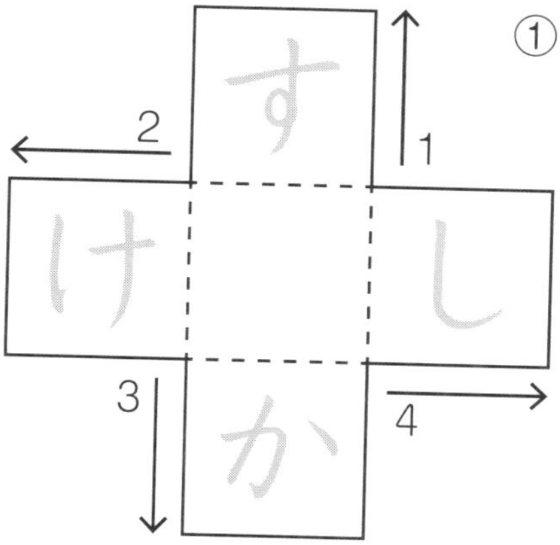

②

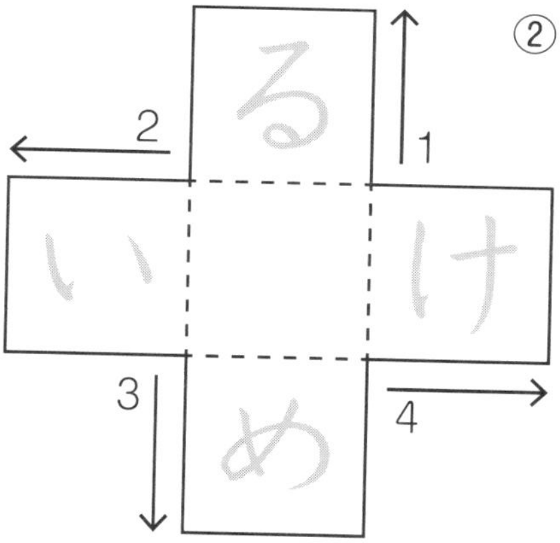

③

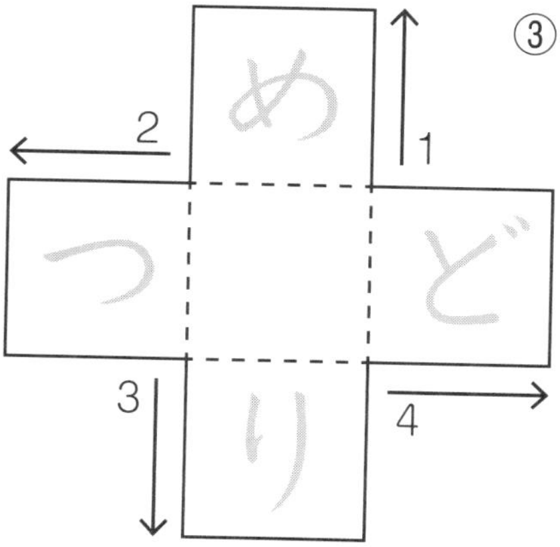

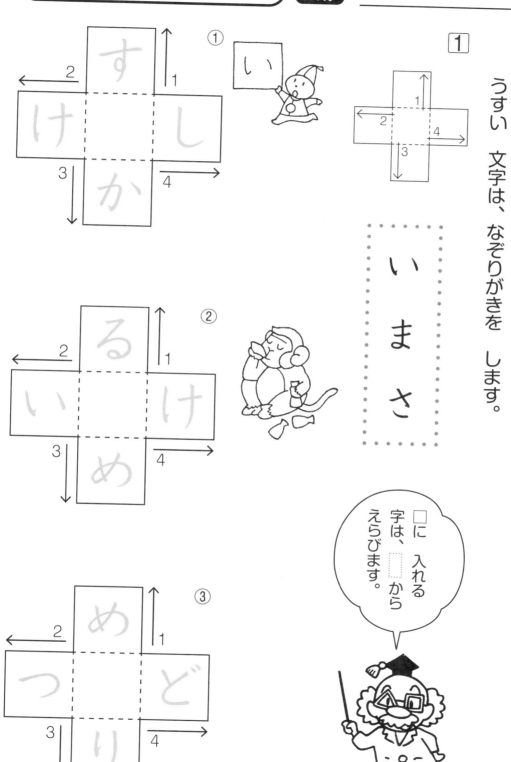

3

①

↓

ブ		
ッ		
	ラ	ス

→

②

ベ		
ス		
	イ	レ

③

サ		
ラ		
	イ	ヤ

（トプクロダ）

4

①

レ		
ー		
	タ	ー

②

ホ		
ー		
	ビ	ー

③

テ		
ー		
	レ	ー

（プルアスマ）

それぞれの（ ）の 中で 二字《にじ》ずつ のこりますね。その 二字を、○で かこんで ごらん！

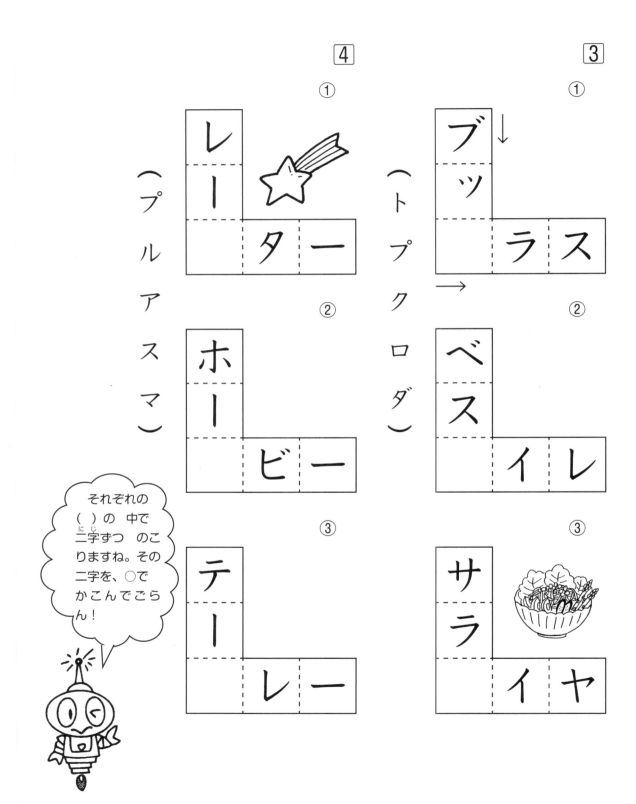

かたかな ことば あそび

こくご・ことば

1年～
20分

なまえ

✿ □に 一字《いちじ》 入《い》れて、ことばを 二《ふた》つずつ つくりましょう。
□に かき 入れる字は、（ ）から えらびましょう。

1

①
→ ラッ□
↓ □アラ

②
マッ□
□ーム

（パ コ チ ン）

2

①
ソー□
□ープ

②
ロー□
□ール

③
マー□
□ーズ

（ペ プ チ ン ス）

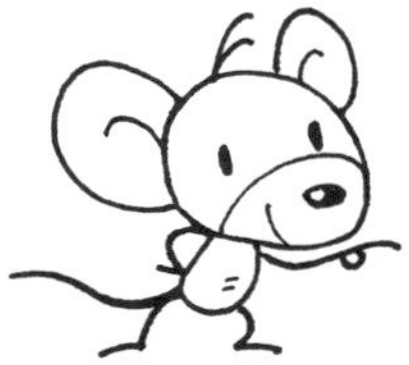

2

左の　字から
えらんで、
□に　かくんだよ。

じた　でん　え

①

		た
		う
ぬ	り	□

②

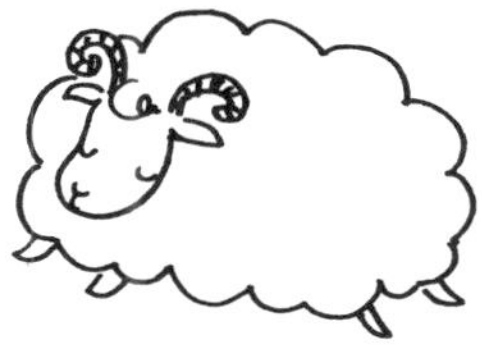

		ひ
		つ
す	う	□

③

□	ん	ぱ
ん		
わ		

④

ぼ	□	ん
	ぬ	
	き	

⑤

	き	
	り	
ま	□	が

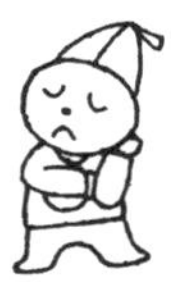

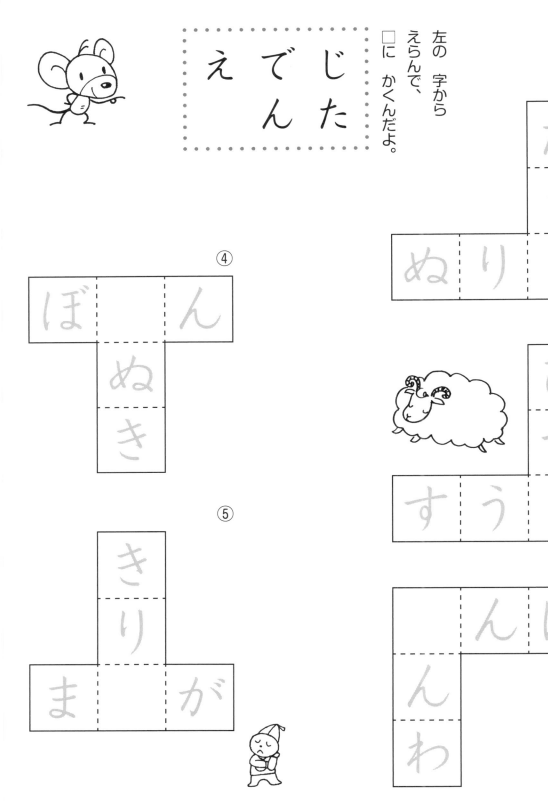

ことば あそび 三文字《さんもじ》 こくご・ことば

1年～ 20分

なまえ

1 ✿ 空《あ》いている □に、一字《いちじ》 かき 入《い》れます。ことばが 二《ふた》つ できます。うすい 文字《もじ》は、なぞりがきを します。さいごに ことばを よみます。

左《ひだり》の 字から えらんで、□に かきます。

う こ
ね し

①

つ
く
か か □

③

□ け し
ど
も

②

す
も
さ と □

④

□ ず み
ま
き

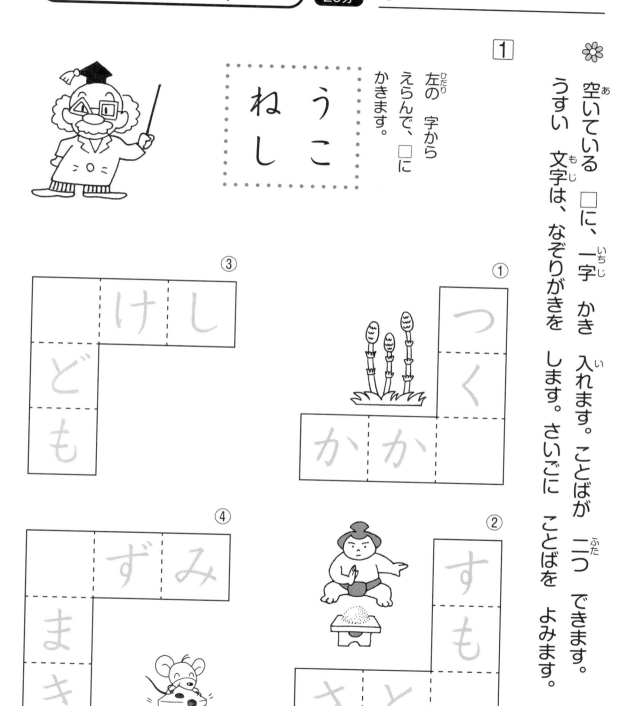

2

左の ⬚の 字から えらんで、
□に かくんだよ。

アクル
ツラ

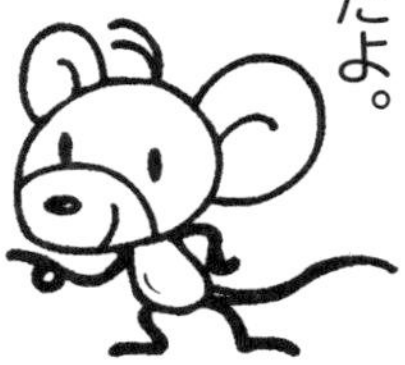

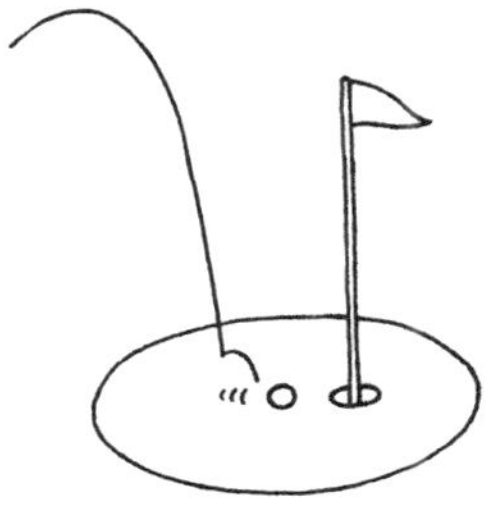

①

カ
ゴ □ フ
タ

②

バ
バ □ ジ
グ

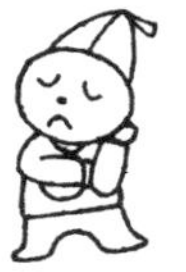

③

ガ
ド □ ム
ス

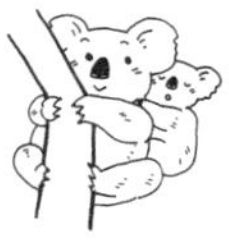

④

コ
ピ □ ノ
ラ

⑤

イ
タ □ ト
ラ

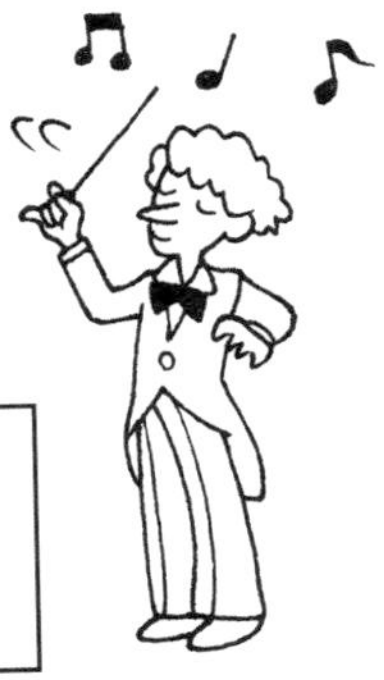

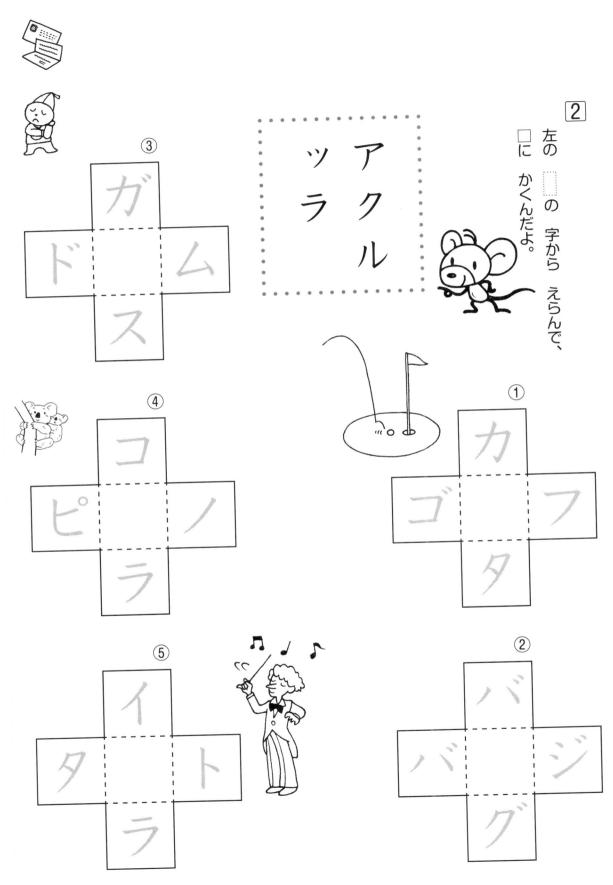

ことば あそび クロス

こくご・ことば

1年〜　20分

なまえ

1

✿ まん中《なか》の □に、一《いち》字《じ》 かき 入《い》れます。ことばが 二《ふた》つ できます。
↓の ほうへ よむ ことばです。うすい 文字《も》《じ》は、なぞりがきを します。
さいごに ことばを よみます。

左《ひだり》の □の 字から えらんで、□に かきます。

び　が
ぶ　い

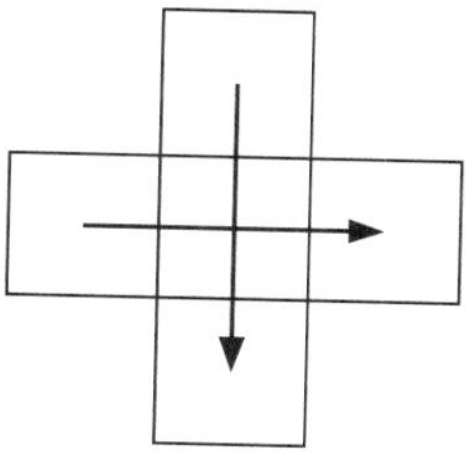

①
- 上：た
- 左：す
- まん中：□
- 右：か
- 下：こ

②
- 上：こ
- 左：ま
- まん中：□
- 右：た
- 下：し

③
- 上：ゆ
- 左：か
- まん中：□
- 右：ん
- 下：わ

④
- 上：て
- 左：は
- まん中：□
- 右：き
- 下：み

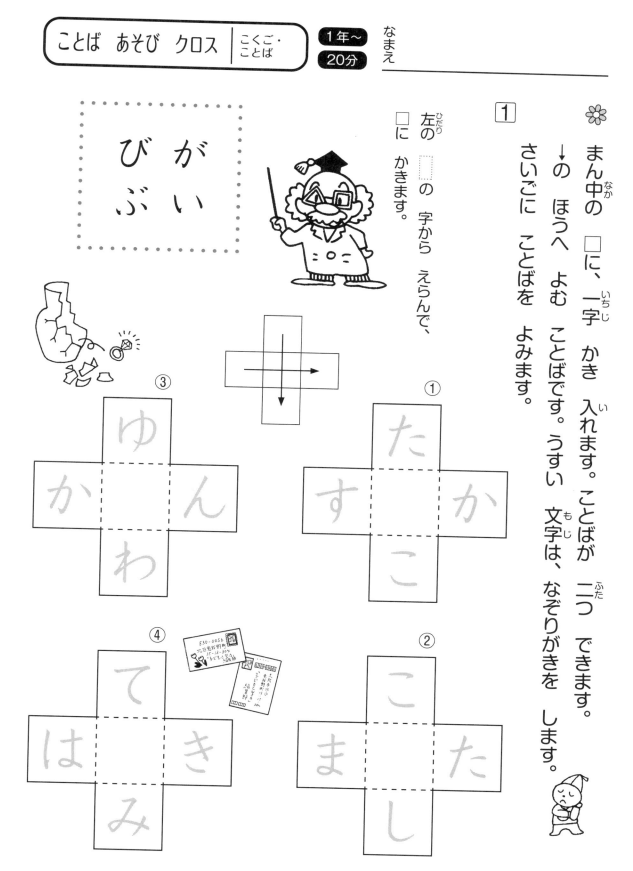

2 上《うえ》の 文字を ならべかえて ことばに して 下《した》の □□□□ に、かきます。

① ま わ ひ り

② す せ ん い

③ さ お が あ

④ な は な の

⑤ き か ま り

⑥ の し し い

⑦ し ま ろ く

⑧ か お み お

⑨ ば び と こ

⑩ わ び と な

ことば　づくり ②

こくご・ことば

1年〜

20分

なまえ

1 まん中《なか》の □に、一字《いちじ》 かき 入《い》れます。三文字《さんもじ》の ことばに なります。
うすい 文字は、なぞりがきを します。
さいごに ことばを よみます。

①②③に 入《はい》る 文字　さ や ち

① あ□め

② い□ご

③ う□ぎ

④⑤⑥に 入る 文字　え ほ や

④ え□ん

⑤ お□つ

⑥ か□る

⑦⑧⑨に 入る 文字　の い す

⑦ き□こ

⑧ く□り

⑨ け□と

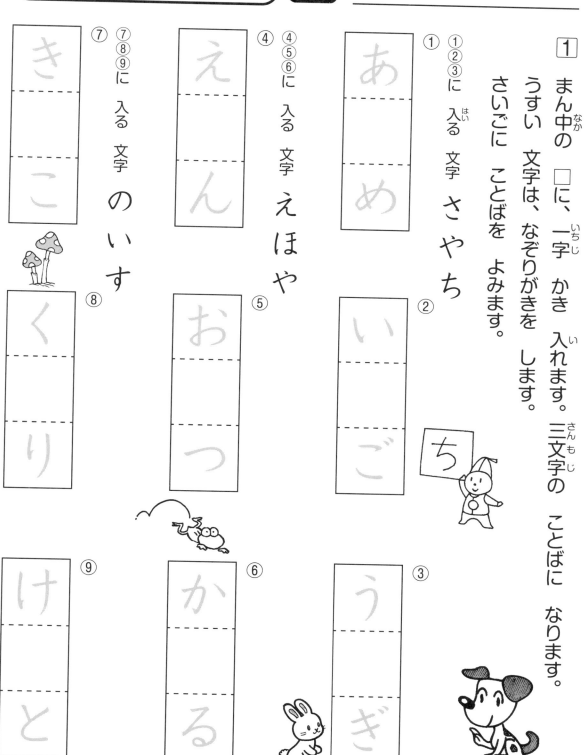

2

［どんな］音《おと》、［なんの］音かな。

いろいろな　音を　おもいだして　□に　ことばを　かきましょう。

（れい）［ギターの］音、［うるさい］音、［たかい］音……

①□音

②□音

③□音

④□音

⑤□音

⑥□音

⑦□音

⑧□音

⑨□音

⑩□音

□花《はな》・□音《おと》

こくご・ことば

1年～
20分

なまえ

1 どんな花《はな》、なんの花かな。

花の ことを おもいだして □に ことばを かきましょう。

（れい） ももいろの花、においのいい花、コスモスの花……

① □花

② □花

③ □花

④ □花

⑤ □花

⑥ □花

⑦ □花

⑧ □花

⑨ □花

⑩ □花

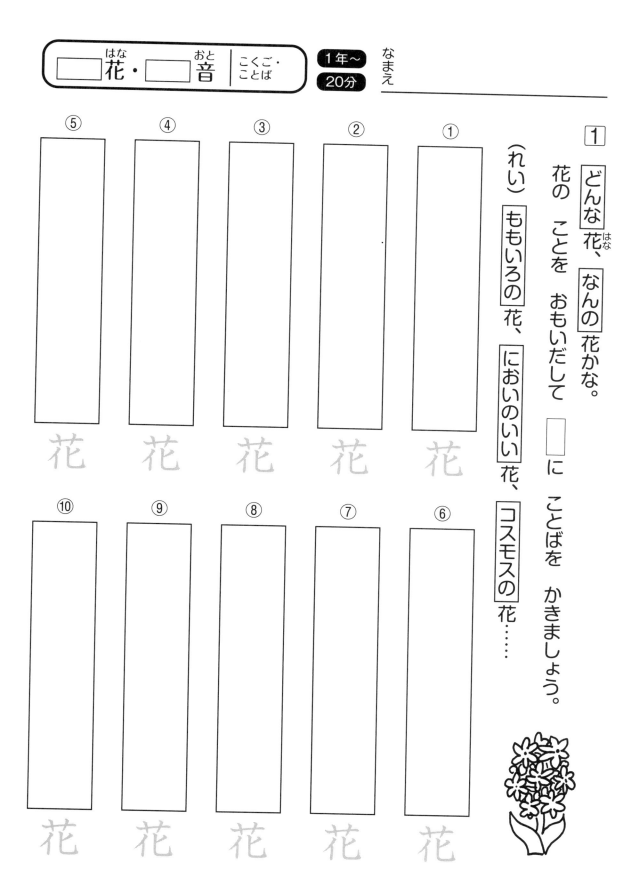

2

どんな虫《むし》、なんの虫かな。

いろいろな 虫の ことを おもいだして □に ことばを かきましょう。

（れい） つよい虫、てんとう虫、ひかる虫……

① 虫

② 虫

③ 虫

④ 虫

⑤ 虫

⑥ 虫

⑦ 虫

⑧ 虫

⑨ 虫

⑩ 虫

□空《そら》・□虫《むし》　こくご・ことば

1年〜　20分

なまえ

1 どんな空《そら》、なんの空かな。

空にも　いろいろな　空が　ありますよ。□に　ことばを　かきましょう。

（れい）ゆきの空、つきよの空、とおい空……

① □空

② □空

③ □空

④ □空

⑤ □空

⑥ □空

⑦ □空

⑧ □空

⑨ □空

⑩ □空

なんと　よむ？

こくご・ことば

1年～
20分

なまえ ＿＿＿＿＿＿＿＿＿＿＿＿＿＿＿＿

✿ かたかな　四《よっ》つを、ことばに　しましょう。
四つは、1・2・3・4し　ですね。

ウ	ウ
ウ	ウ

これは、ウが　四つで　「うし」

カ	カ
カ	カ

これは、四つの　カで
「しか」「かし」

1　こたえを　ひらがなで　かきましょう。

ア	ア
ア	ア

（　　　　　　　　）

オ	オ
オ	オ

（　　　　　　　　）

イ	イ
イ	イ

（　　　　　　　　）

マ	マ
マ	マ

（　　　　　　　　）

ク	ク
ク	ク

（　　　　　　　　）

ロ	ロ
ロ	ロ

（　　　　　　　　）

ホ	ホ
ホ	ホ

（　　　　　　　　）

タ	タ
タ	タ

（　　　　　　　　）

ヤ ヤ ヤ ヤ	（　　　　）	ソ ソ ソ ソ	（　　　　）
ブ ブ ブ ブ	（　　　　）	バ バ バ バ	（　　　　）

2　よみかたは、二《ふた》つ　あるよ。

ワ ワ ワ ワ	（　　　　）	（　　　　）

3　これも　わかるね。三《みっ》つだから　「ミ」と　よんで。

ウ ウ ウ	（　　　　）	ソ ソ ソ	（　　　　）

4　じぶんで　つくって　みよう。

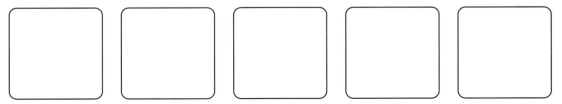

どうぶつの　名《な》まえ

こくご・ことば

1年〜　20分

なまえ

✿ つぎの　どうぶつは、なんですか。⬚から　名《な》まえを　見《み》つけて　□に　かきましょう。また、子《こ》どもを　赤《あか》ちゃんで　うむ　ものには　赤、たまごで　うむ　ものには　青《あお》を　○の　中《なか》に　ぬりましょう。

①

②

③

④

⑤

⑥

⑦

⑧

⑨

さる	りす	うみがめ
いたち	うさぎ	かえる
へび	いのしし	ねこ

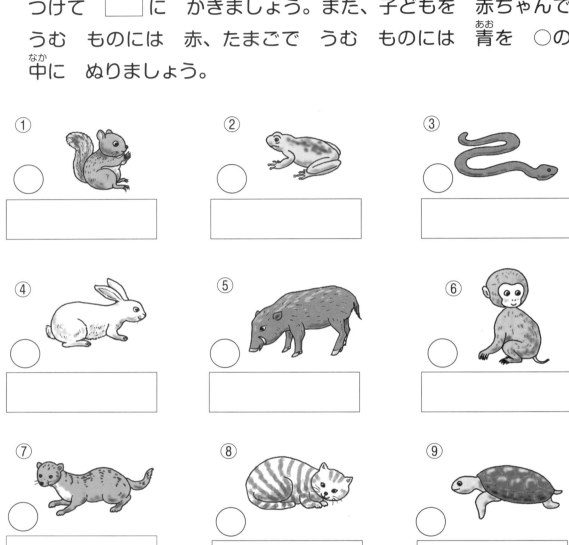

文《ぶん》ぼうぐ　こくご・ことば

1年～　20分

なまえ

✿ つぎの　文《ぶん》ぼうぐは、どんなことを　する　どうぐですか。┌┐の　中から　あてはまる　ものを　さがして　○に　いろを　ぬりましょう。

① ○ 

② ○ 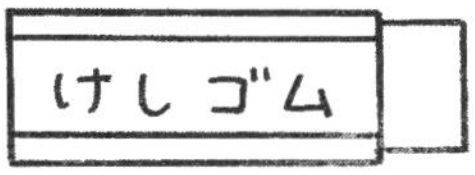

③ ○ 

④ ○ 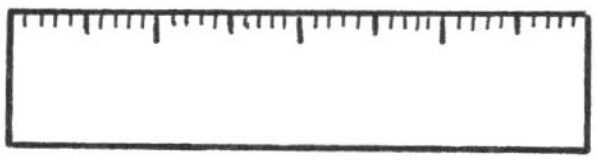

⑤ ○ 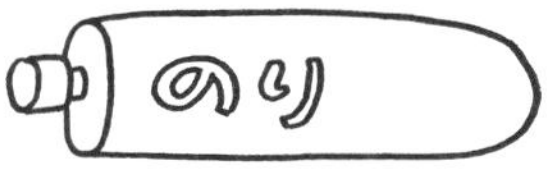

⑥ ○ 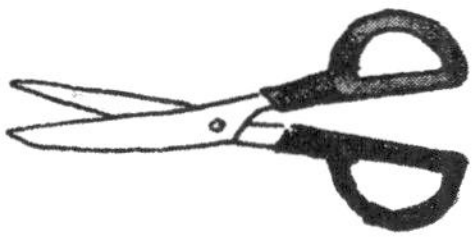

⑦ ○ 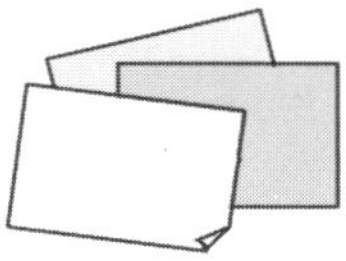

⑧ ○ 

⑨ ○ 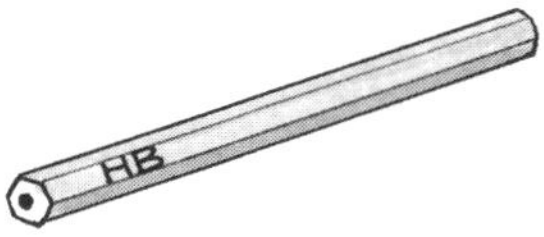

⑩ ○ 

⑪ ○ 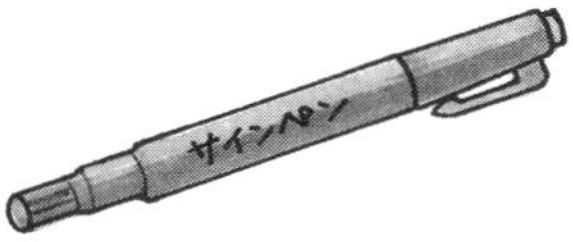

⑫ ○ 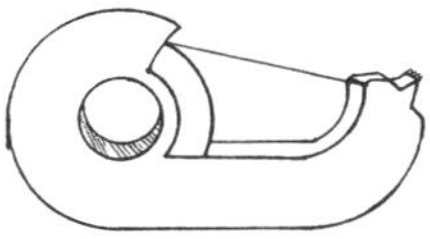

⑬ ○ 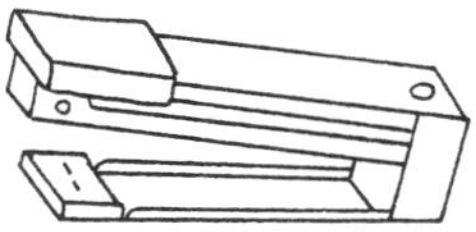

赤	字《じ》や せんを かいたり 色《いろ》を ぬったりする	青	ものを きる
ちゃいろ	ながさを はかる	ピンク	ものを はったり とじたり する
きいろ	字を けす どうぐ	むらさき	字や えを かく かみ

3

①

↓ →

ゴ		
リ		
	ジ	オ

②

タ		
ン		
	ラ	ブ

③

ド		
レ		
	ト	ア

（スラエクア）

4

①

カ		
ー		
	ー	ム

②

ゲ		
ー		
	ー	ド

③

コ		
ー		
	キ	ー

（スケムアド）

それぞれの
（ ）の 中で
二字ずつ の
こりますね。
その 二字を、
○で かこん
でごらん！

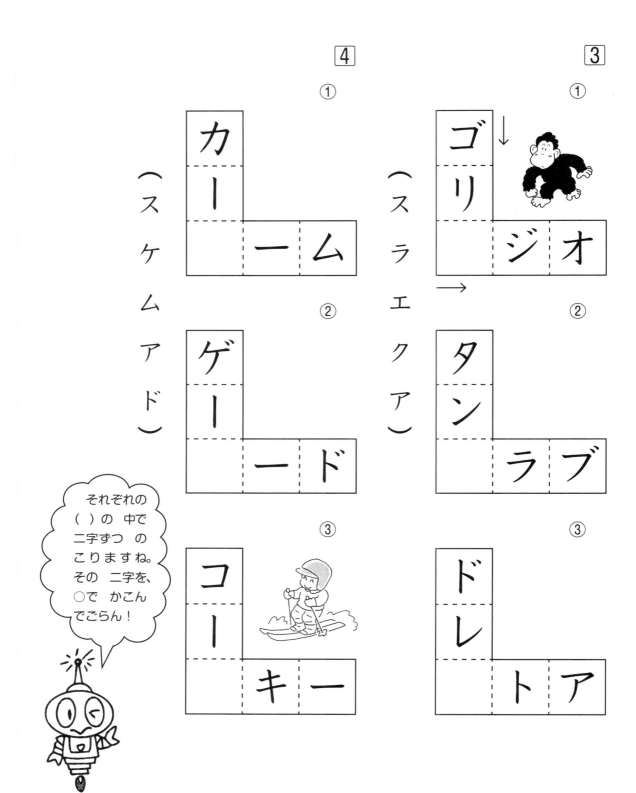

かたかな ことば あそび ①

国語・ことば

2年～
20分

名前

❀ □に 一字 入れて、ことばを 二つずつ つくりましょう。

1

① → イン□ ↓ □イツ

② ココ□ / □イス

（ドミアス）

2

① ケー□ / □ーツ

② コー□ / □ーズ

③ ポー□ / □ーム

（ペスアズチ）

□に 入れる 字は、（ ）から えらびましょう。

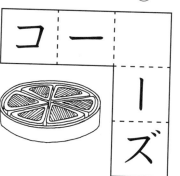

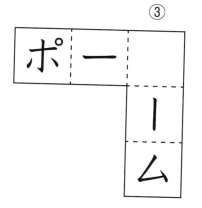

3

① ↓ クイ

→ パ□ル

② テニ

デ□ク

③ レモ

ピ□ク

（スコズブンラ）

4

① コイ

ヒ□ト

② ベス

バ□ン

③ フラ

ラ□ス

（マイトンウス）

それぞれの（　）の中で　三字ずつ　のこりますね。その　三字を、◯でかこんでごらん！

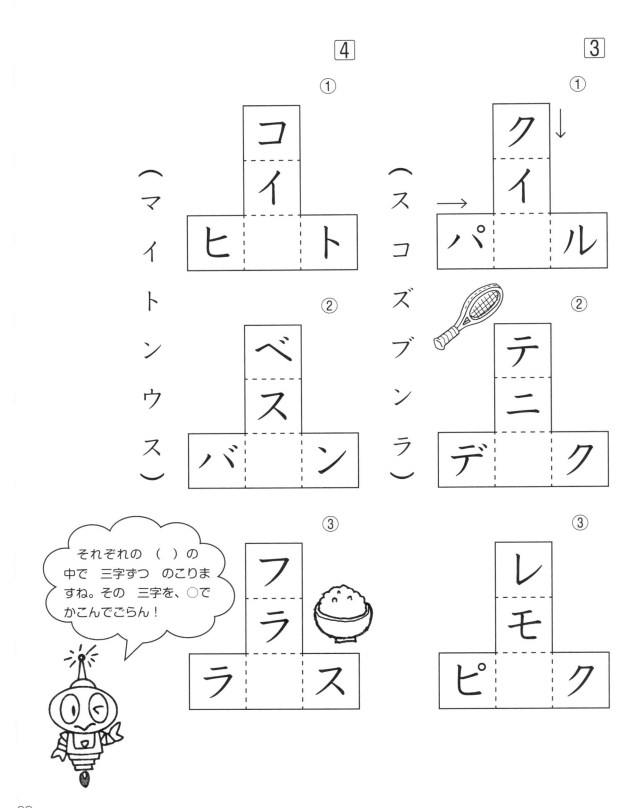

かたかな ことば あそび ②

国語・ことば

2年〜　20分

名前

✿ □に 一字 入れて、ことばを 二つずつ つくりましょう。

1

①

↓ マス□

→ ヨッ□

②

ラン□

ベン□

（パ　ン　ト　ダ　チ）

2

①

コア□

ゴリ□

②

パン□

シャ□

③

テス□

ボー□

（ト　キ　ラ　ウ　イ　ツ）

□に 入れる
字は、（　）から
えらびましょう。

3

①

	バ	
	ト	
ピ		チ

②

	ド	
	リ	
ベ		ト

③

	サ	
	ラ	
メ		ル

（タダルクトン）

4

①

	ガ	
	ラ	
マ		ク

②

	セ	
	ロ	
プ		ン

③

	ボ	
	タ	
パ		ツ

（リリズスンム）

それぞれの（ ）の中で 三字ずつ のこりますね。その 三字を、○でかこんでごらん！

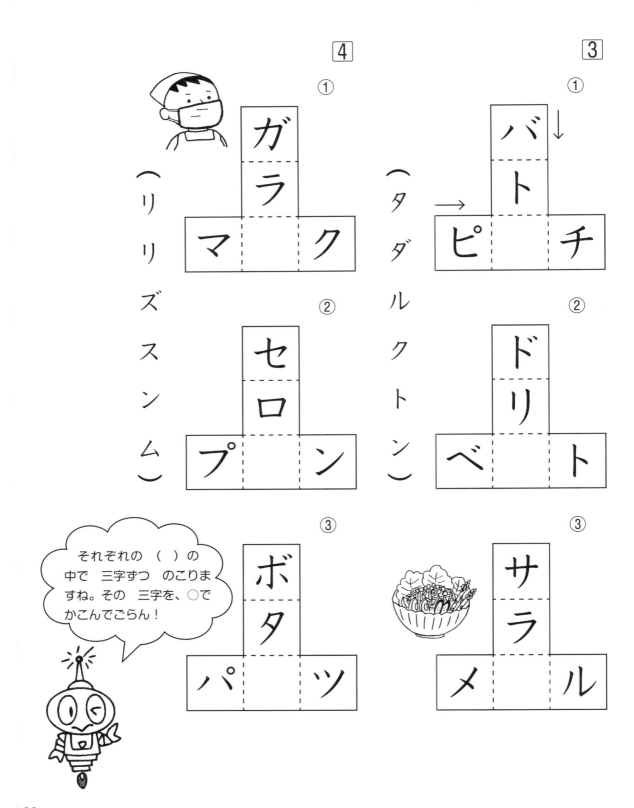

かたかな ことば あそび ③

国語・ことば

2年～ 20分

名前

✿ □に 一字 入れて、ことばを 二つずつ つくりましょう。

1

①
↓ ヘ ッ □
→ ベ ッ □

②
プ リ □
プ ラ □

（ ド ン ラ イ ス ）

2

①
ポ ン □
ラ ン □

②
ラ イ □
レ フ □

③
ジ ャ □
タ イ □

（ ト テ ム プ ン ポ ）

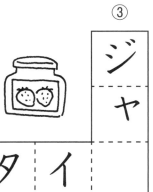

かたかなの　名前《なまえ》では？　国語・ことば

2年～　20分

名前

❀ 下の　どうぶつの　名前《なまえ》を、外国《がいこく》での　よびかたで　書《か》きましょう。（2回《かい》ずつ、書きましょう。）

□に、外国での　よびかたで　名前が　書いて　あります。

①

ぶた　ピッグ

②

ねこ

③

ねずみ

④

いぬ

⑤

さる

ピッグ
モンキー
マウス
キャット
トマト
ドッグ

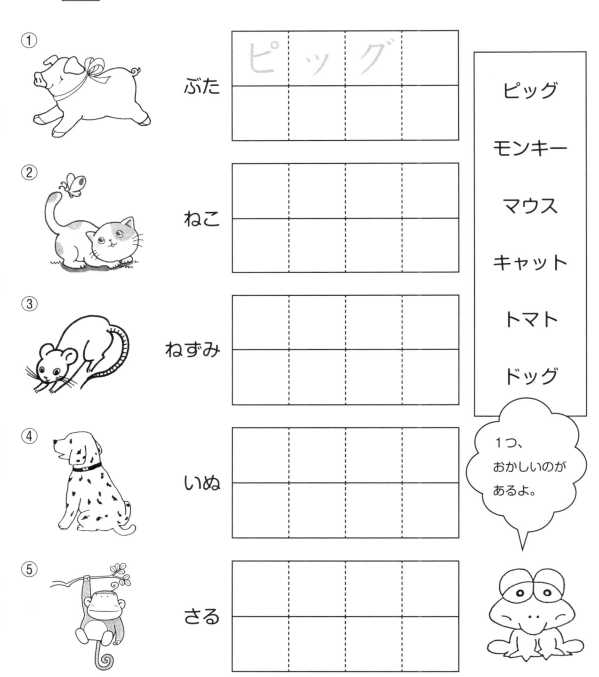

⑥

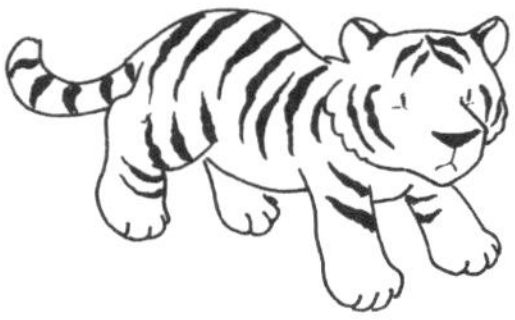

とら

⑦

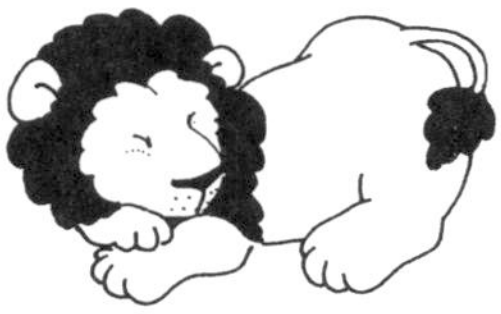

しし

⑧

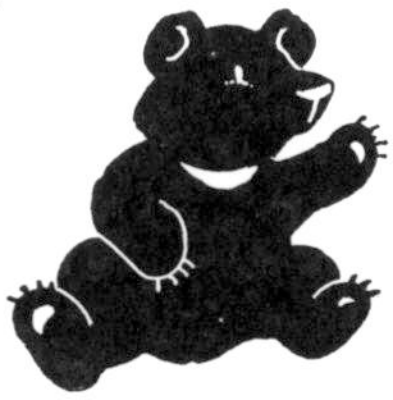

くま

⑨

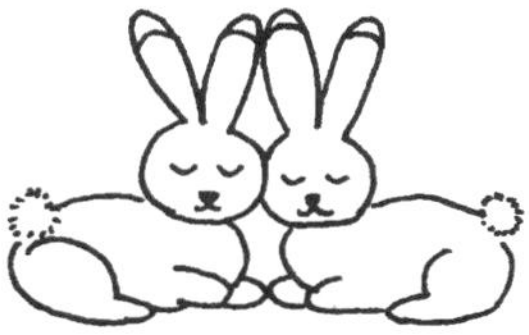

うさぎ

⑩

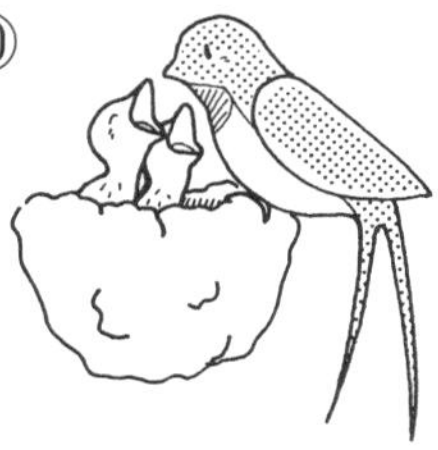

つばめ

スワロー

スワロー
ライオン
レモン
ラビット
タイガー
ベアー

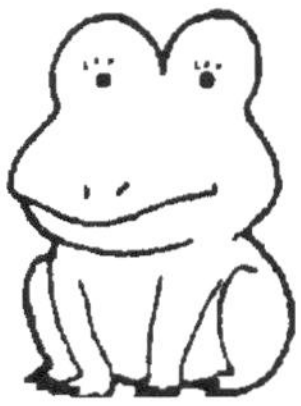

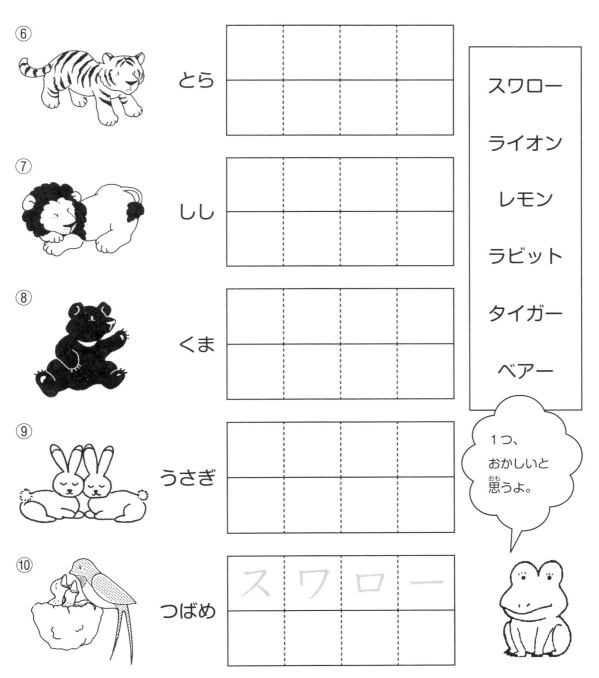

□顔《かお》・□紙《かみ》

国語・ことば

2年～
20分

名前

❀ どんな 顔《かお》や紙《かみ》、なんの 顔や紙かな。
顔や紙の ことを 思いうかべて、□に ことばを 書きましょう。

（れい） ないた 顔、丸い 顔、やぶれた 紙……

① 顔
② 顔
③ 顔
④ 顔
⑤ 顔
⑥ 紙
⑦ 紙
⑧ 紙
⑨ 紙
⑩ 紙

□道《みち》・□家《いえ》

国語・ことば

2年〜　20分

名前

どんな 道《みち》や家《いえ》、**なんの** 道や家かな。

道や家の ことを 思《おも》いうかべて、□に ことばを 書《か》きましょう。

（れい） 長い長い 道、山のぼりの 道、大きな 家……

① □道

② □道

③ □道

④ □道

⑤ □道

⑥ □家

⑦ □家

⑧ □家

⑨ □家

⑩ □家

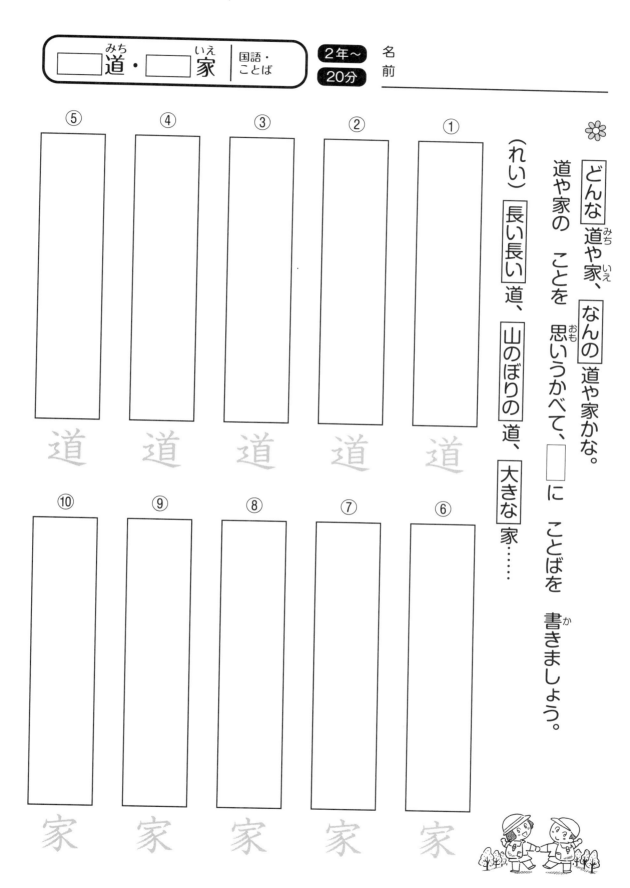

2 上の いくつかの 字を 下の □に 書いて、回文に しましょう。

① たけやぶ

② たけやが

③ たいふう

④ ダンス（だんす）が

⑤ くるみと

⑥ わたしまけ

「くつにつく」（回文《かいぶん》）

国語・ことば

2年〜

20分

名前

✿ 「くつにつく」は、上から 読《よ》んでも 下から 読んでも 「くつにつく」 です。このような ことばあそびを、「回文《かいぶん》」と いいます。

1 〈れい〉の ように、上の 字を 下の □に 書《か》いて、回文に しましょう。

〈れい〉 くつに□□（つく）

① るすに□□

② かいと□□

③ にわに□□

④ たうえ□□

⑤ しんぶ□□

⑥ ばかな□□

⑦ たいが□□

⑧ うたう□□

⑨ がけで□□

①②③④に　入る　かん字

見山月口

① 見 日

② 学 本

③ 先 車

④ 中 林

⑤⑥⑦⑧に　入る　かん字

水出十手

⑤ 上 中

⑥ 本 足

⑦ 字 手

⑧ 火 口

⑨⑩⑪に　入る　かん字

水上女人（一つ　あまる）

⑨ 子 王

⑩ 下 空

⑪ 口 気

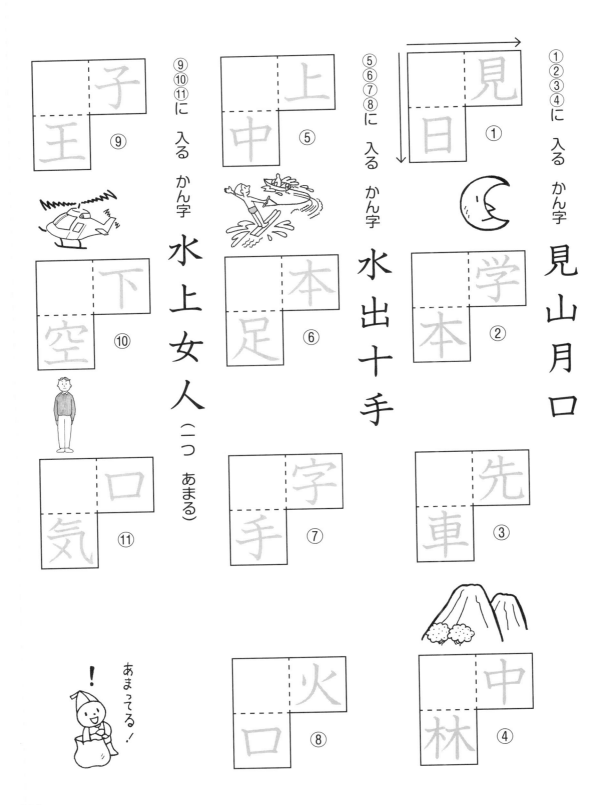

かん字の　ことば ①

国語・ことば

2年～
20分

名前

✿ 空いている□に、かん字を 一字 書《か》き 入れます。ことばが 二つ できます。
↓の 方《ほう》へ 読《よ》む ことばです。
うすい 文字は なぞり書きを します。

①②③に 入る かん字

雨　右　王

①　□手 ／ 左□

②　□水 ／ 音□

③　□子 ／ 女□

④⑤⑥に 入る かん字

下　花　火

④　□山 ／ 校□

⑤　□花 ／ 山□

⑥　□見 ／ 火□

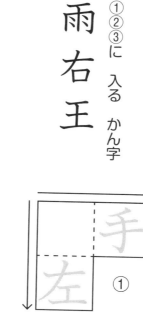

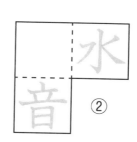

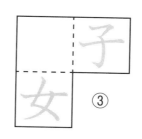

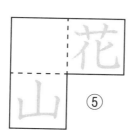

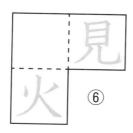

①②③④に 入る かん字

大 足 中 男

① 早 音

② 空 雨

③ 女 子

④ 立 学

⑤⑥⑦⑧に 入る かん字

日 天 町 土

⑤ 立 村

⑥ 足 手

⑦ 下 気

⑧ 月 中

⑨⑩⑪に 入る かん字

年 入 人 本（一つ あまる）

⑨ 金 学

⑩ 下 上

⑪ 土 気

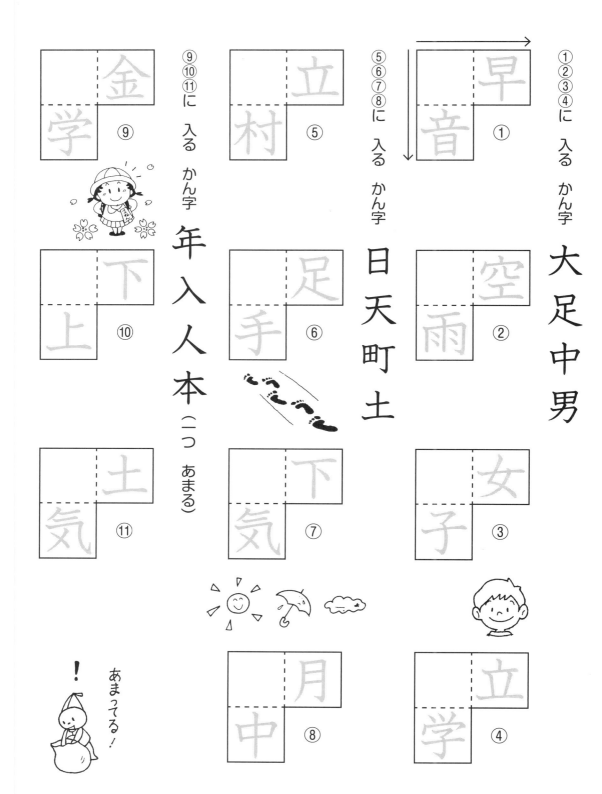

2年〜
20分

名前

✿ 空いている □に、かん字を 一字 書《か》き 入れます。ことばが 二つ できます。
↓の 方《ほう》へ 読《よ》む ことばです。
うすい 文字は なぞり書きを します。

①②③に 入る かん字
青 生 正

④⑤⑥に 入る かん字
夕 川 赤

ぜんぶ
1年生で
ならった
かん字です。

① □気 / 月

② □花 / 年

③ □虫 / 竹

④ □立 / 日

⑤ □土 / 子

⑥ □下 / 上

①

2 ←	長	↑ 1
形		力
3 ↓	育	→ 4

①②③に 入る かん字

冬　体　朝

②

2 ←	夕	↑ 1
方		顔
3 ↓	市	→ 4

②番の　じゅく語を　書きます。

4	3	2	1
顔	市	方	夕

③

2 ←	空	↑ 1
鳥		場
3 ↓	山	→ 4

④

2 ←		↑ 1
3 ↓		→ 4

作《つく》ってみよう。

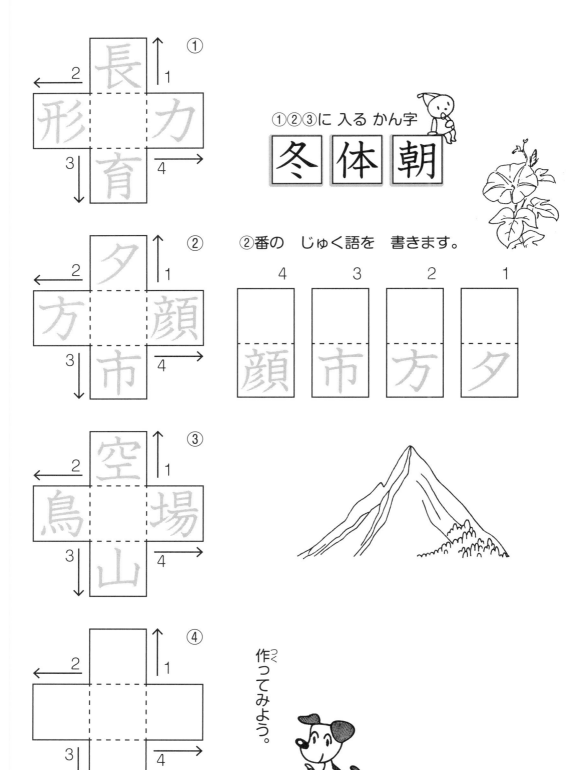

かん字の　クロス ①

国語・ことば

2年～
20分

名前

✿ まん中の □に、かん字を 一字 書《か》き入れます。二字じゅく語《ご》が 四つ できます。

↓の 方《ほう》へ 読《よ》む ことばです。うすい 文字は、なぞり書きを します。

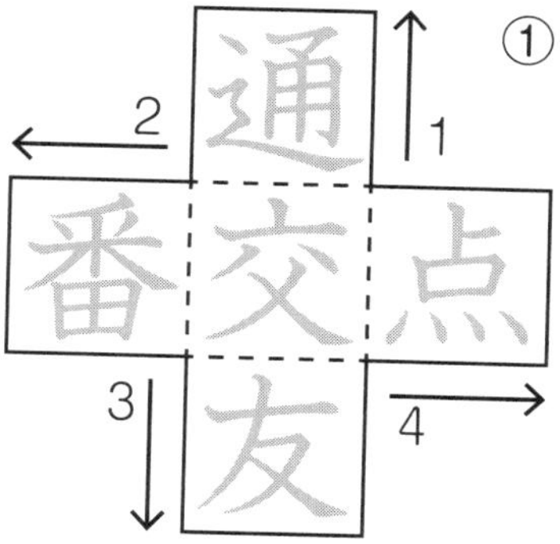

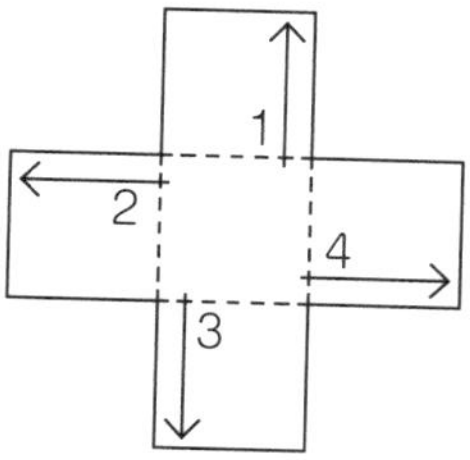

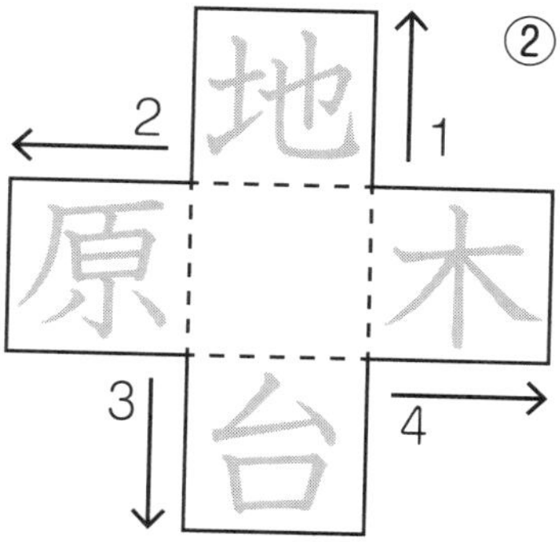

①②③④に 入る かん字

新　高　今　交

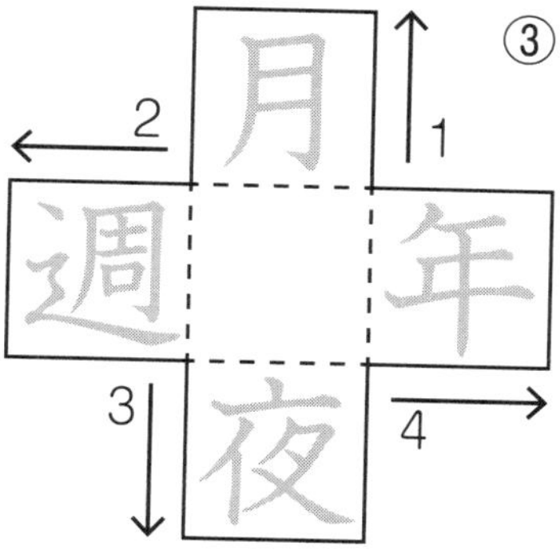

③番《ばん》の じゅく語を 書きます。

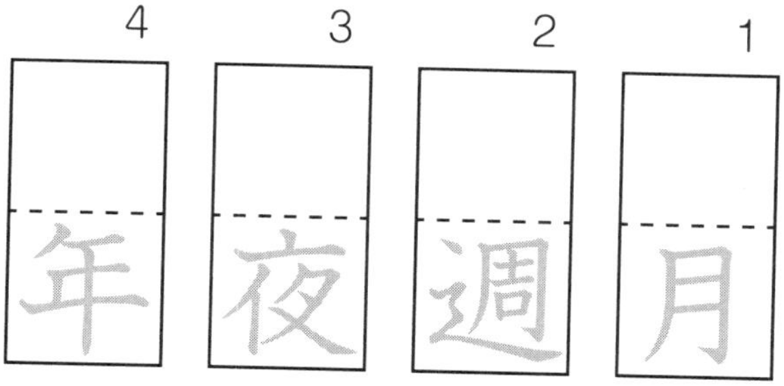

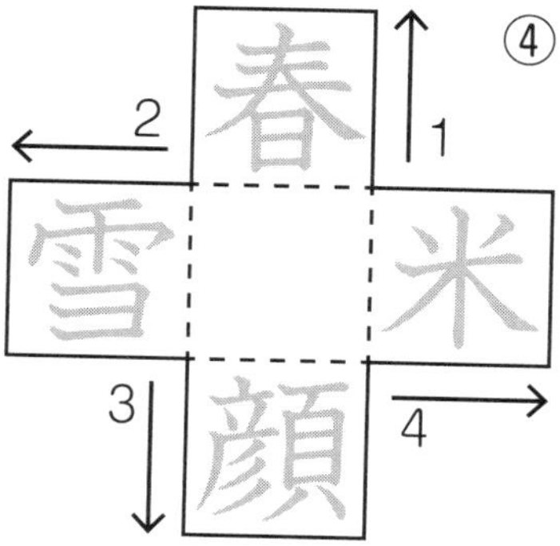

①

1 2 3 4

	色	
手		用
	台	

①②③に 入る かん字

紙 線 心

②

1 2 3 4

	親	
里		野
	用	

②番の　じゅく語を　書きます。

4	3	2	1
野	用	里	親

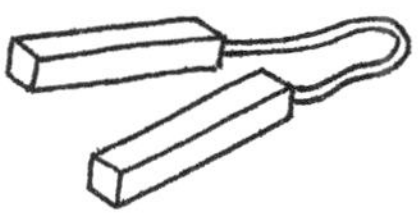

③

1 2 3 4

	点	
直		光
	電	

④

1 2 3 4

作《つく》ってみよう。

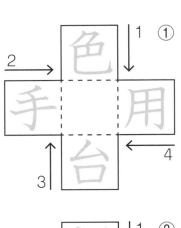

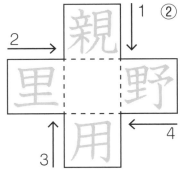

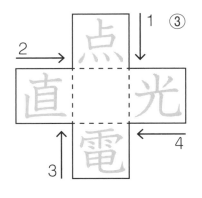

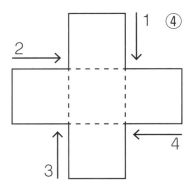

かん字の　クロス ②

国語・ことば

2年〜
20分

名前

✿まん中の □に、かん字を 一字 書《か》き 入れます。二字じゅく語《ご》が 四つ できます。
↓の 方《ほう》へ 読《よ》む ことばです。うすい 文字は、なぞり書きを します。

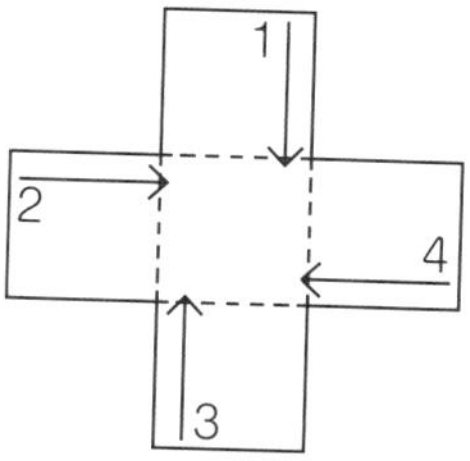

①

1↓ 円
2→ 地 形 人 ←4
3↑ 図

②

1↓ 夜
2→ 歩 □ 強 ←4
3↑ 言

①②③④に 入る かん字

行　作　形　国

③

1↓ 天
2→ 雪 □ 帰 ←4
3↑ 出

③番《ばん》の じゅく語を 書きます。

4	3	2	1
帰	出	雪	天

④

1↓ 名
2→ 大 □ 原 ←4
3↑ 合

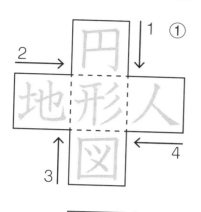

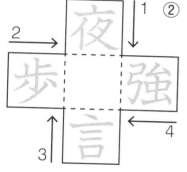

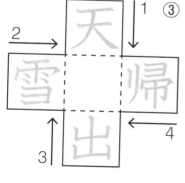

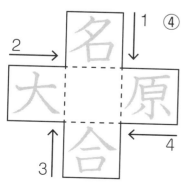

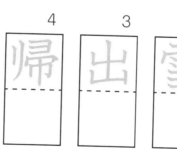

①

	汽	
風		室
	長	

1 ↓ 2 → 3 ↓ 4 →

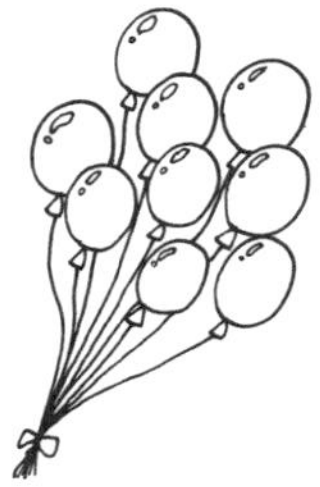

①②③に 入る かん字

書 船 肉

②

	読	
図		名
	店	

1 ↓ 2 → 3 ↓ 4 →

②番の　じゅく語を　書きます。

4	3	2	1
		図	読
名	店		

③

	牛	
魚		声
	親	

1 ↓ 2 → 3 ↓ 4 →

④

1 ↓ 2 → 3 ↓ 4 →

作《つく》ってみよう。

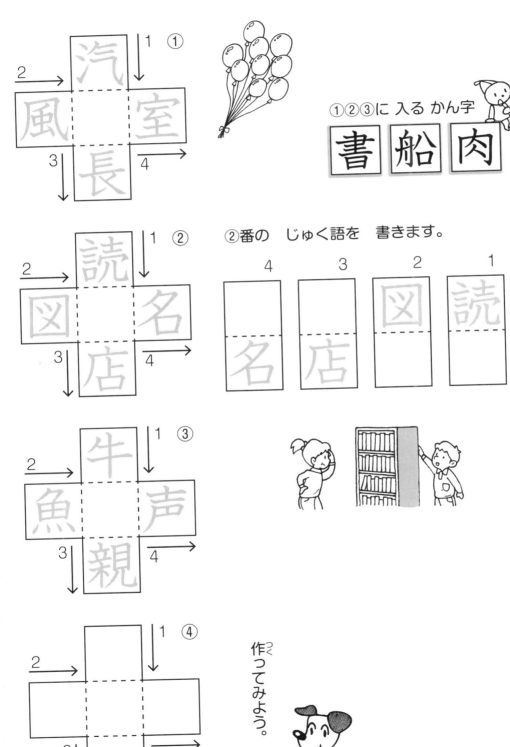

かん字の クロス ③

国語・ことば

2年〜　20分

名前

✿ まん中の □に、かん字を 一字 書《か》き 入れます。二字じゅく語《ご》が 四つ できます。
↓の 方《ほう》へ 読《よ》む ことばです。うすい 文字は、なぞり書きを します。

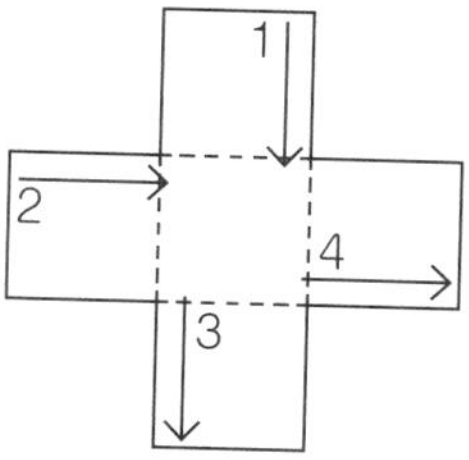

①

	雲	
合	間	口
	近	

②

	同	
当		計
	間	

①②③④に 入る かん字

春　間　時　親

③

	青	
立		分
	風	

③番《ばん》の じゅく語を 書きます。

4	3	2	1
		立	青
分	風		

④

	母	
父		元
	心	

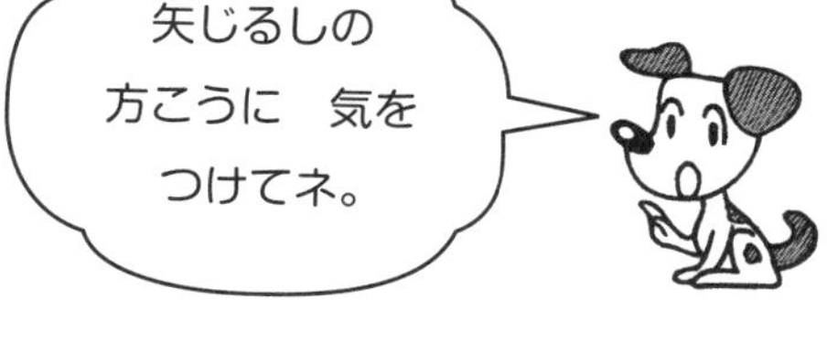

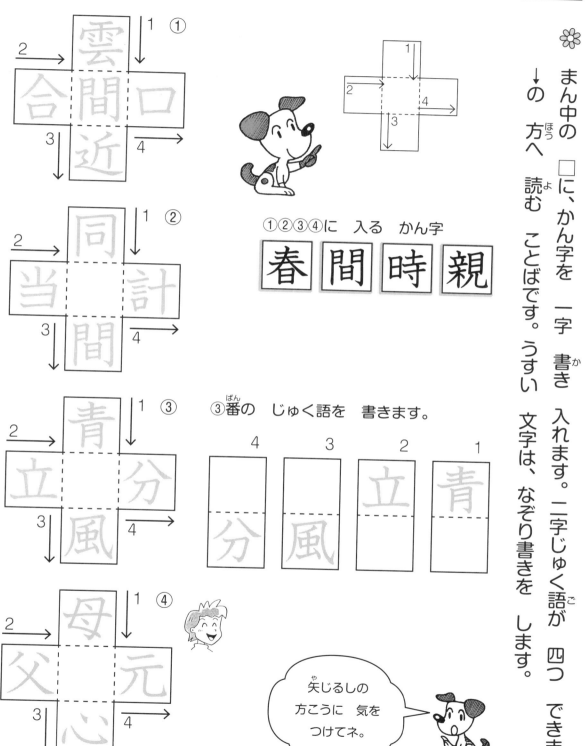

2 かん字の しりとりを しましょう。

① 形《かた》□《み》 → 見《けん》□《とう》 → 当《とう》□《じ》

② 今《こん》□《や》 → 夜《や》□《はん》 → 半《はん》□《げつ》

③ 風《ふう》□《せん》 → 船《ふな》□《で》 → 出《しゅつ》馬《ば》

④ 強《きょう》大《だい》 → □《だい》名《みょう》 → □《めい》門《もん》

⑤ 空《くう》□《はく》 → 白《はく》□《ちゅう》 → 昼《ちゅう》□《や》

「半月《はんげつ》」は 半分《はんぶん》の 大きさの 月の ことだよ。

「白昼」は まひるの ことだよ。「名門」は りっぱで ゆう名な 学校や 家《いえ》の こと。「野《や》きゅうの 名門校」のように つかうよ。

かん字の　しりとり

国語・ことば

2年～　20分

名前

1 かん字の　しりとりを　しましょう。

①
読《どく》書《しょ》
↓
□《しょ》道《どう》
↓
□《みち》草《くさ》

②
青《せい》春《しゅん》
↓
□《はる》風《かぜ》
↓
□《ふう》雨《う》

③
高《たか》台《だい》
↓
□《たい》風《ふう》
↓
□《ふう》雪《せつ》

④
母《はは》□《おや》
↓
親《しん》切《せつ》
↓
□《きっ》手《て》

⑤
正《しょう》直《じき》
↓
□《ちょく》通《つう》
↓
□《つう》行《こう》

しりとりかん字は、むずかしく　ないよ。かん字の読《よ》みが、かわる　場合《ばあい》に気を　つけましょう。

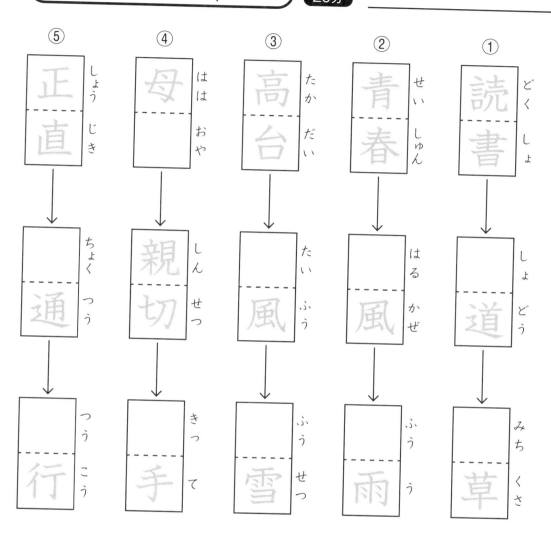

音を　あわらす　ことば

国語・ことば

2年〜
20分

名前

✿ （　）に 合う ことばを □ から えらんで 書きましょう。

① 戸《と》を（　　）と たたく。

② カエルが（　　）と 鳴《な》く。

③ いすが（　　）と たおれた。

④ 水に（　　）と おちた。

⑤ ヤギが（　　）と 鳴く。

⑥ （　　）と かねが 鳴る。

コンコン　メーメー　ガタン　ゴーン　ポチャン　ケロケロ

音を　あらわす　ことばを　「ぎおん語」というよ。

ようすを　あらわす　ことば

国語・ことば

2年～　20分

名前

✿ （　）に 合《あ》う ことばを ［　］から えらんで 書《か》きましょう。

① メダカが（　　　）およぐ。

② 雨が（　　　）ふる。

③ 麦茶《むぎちゃ》を（　　　）のむ。

④ つい（　　　）してしまう。

⑤ 春風《はるかぜ》が（　　　）と　ふく。

⑥ 丸太《まるた》を（　　　）もち上げる。

うとうと
ごくごく
すいすい
らくらく
そよそよ
しとしと

うごきや　ようすを　あらわす　ことばを　「ぎたい語《ご》」　というよ。

たして 10に しよう　さんすう・けいさん　1年～　20分　なまえ

✿ たても よこも 3つの すう字《じ》を たすと、10に なるように □に すう字を かきましょう。

2＋7＝9
だから、9と なに
を たせば 10に
なるかな？

①　→　↓

	7	
4	1	5
	2	

4+1+5 =10　7+1+2 =10

②

	0	
2	7	1
	3	

③

	8	
1	2	7
	0	

④

	1	
2	0	8
	9	

⑤

	3	
4	5	1
	2	

⑥

	2	
7	3	0
	5	

⑦

	3	
5	1	4
	6	

⑧

	4	
3	6	1
	0	

P.4

⑨

	0	
5	2	3
	8	

0+2+? =10

⑩

	3	
8	0	2
	7	

⑪

	9	
7	1	2
	0	

⑫

	7	
4	0	6
	3	

⑬

	1	
5	2	3
	7	

⑭

	6	
2	3	5
	1	

⑮

	7	
3	1	6
	2	

⑯

	6	
5	4	1
	0	

⑰

	6	
9	1	0
	3	

P.5

たして 12に しよう　さんすう・けいさん　1年～　20分　なまえ

✿ たても よこも 3つの すう字《じ》を たすと、12に なるように □に すう字を かきましょう。

4＋7＝11
11と なにを た
せば 12に なる
かな

①　→　↓

	0	
4	3	5
	9	

②

	2	
4	7	1
	3	

③

	8	
2	3	7
	1	

④

	2	
3	1	8
	9	

⑤

	9	
7	3	2
	0	

⑥

	8	
0	3	9
	1	

⑦

	1	
8	4	0
	7	

⑧

	5	
8	0	4
	7	

P.6

⑨

	3	
9	2	1
	7	

⑩

	5	
4	6	2
	1	

⑪

	9	
7	0	5
	3	

⑫

	7	
5	3	4
	2	

⑬

	1	
4	3	5
	8	

⑭

	6	
5	4	3
	2	

⑮

	3	
4	2	6
	7	

⑯

	9	
6	1	5
	2	

⑰

	6	
1	4	7
	2	

P.7

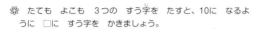

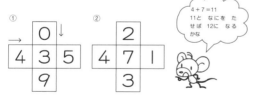

たして 15に しよう　さんすう・けいさん　1年〜　20分　なまえ

✿ たても よこも 3つの すう字《じ》を たすと、15に なるように □に すう字を かきましょう。

①　→ ↓

	9	
6	4	5
	2	

②

	2	
4	5	6
	8	

③

	9	
6	5	4
	1	

④

	9	
8	6	1
	0	

⑤

	4	
0	8	7
	3	

⑥

	7	
1	5	9
	3	

⑦

	2	
9	6	0
	7	

⑧

	8	
5	6	4
	1	

P.8

⑨

	4	
7	6	2
	5	

⑩

	0	
2	7	6
	8	

⑪

	4	
5	3	7
	8	

⑫

	3	
8	5	2
	7	

⑬

	6	
5	8	2
	1	

⑭

	6	
9	2	4
	7	

⑮

	2	
5	9	1
	4	

⑯

	8	
5	1	9
	6	

⑰

	7	
1	6	8
	2	

P.9

3つに わけよう ①　さんすう・けいさん　1年〜　20分　なまえ

✿ 3つの すう字《じ》を たして 10に なるように すう字を かさならないように かこんで わけましょう。

〔3つの けいさんを 見《み》つけましょう。〕

①

1	0	9
7	1	2
3	4	3

1＋0＋9＝10
7＋1＋2＝10
3＋4＋3＝10

②

3	0	2
2	4	6
5	6	2

3＋2＋5＝10
0＋4＋6＝10
2＋6＋2＝10

③

0	4	2
8	2	4
3	1	6

0＋8＋2＝10
4＋2＋4＝10
3＋1＋6＝10

P.10

④

3	5	5
1	2	0
6	5	3

3＋1＋6＝10
5＋5＋0＝10
2＋5＋3＝10

⑤

4	1	5
0	3	4
7	1	5

4＋1＋5＝10
3＋0＋7＝10
4＋5＋1＝10

⑥

8	1	4
1	0	2
4	6	4

1＋8＋1＝10
0＋6＋4＝10
4＋2＋4＝10

P.11

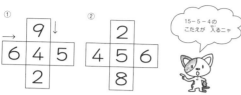

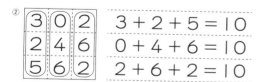

3つに わけよう ② さんすう・けいさん

1年～ 20分 なまえ

❀ 3つの すう字《じ》を たして 12に なるように すう字を かさならないように かこんで わけましょう。

〔3つの けいさんを 見《み》つけましょう。〕

①

9	7	4
2	2	5
1	3	3

$9+2+1=12$

$7+2+3=12$

$4+5+3=12$

②

4	3	5
1	5	6
3	7	2

$4+3+5=12$

$1+5+6=12$

$3+7+2=12$

③

2	3	7
1	4	3
8	3	5

$4+3+5=12$

$2+3+7=12$

$1+8+3=12$

P.12

④

5	3	6
4	5	1
4	2	6

$3+5+4=12$

$6+1+5=12$

$4+2+6=12$

⑤

5	6	4
4	1	6
5	3	2

$5+6+1=12$

$4+5+3=12$

$4+6+2=12$

⑥

4	9	2
3	1	6
5	5	1

$4+3+5=12$

$2+9+1=12$

$6+1+5=12$

P.13

3つに わけよう ③ さんすう・けいさん

1年～ 20分 なまえ

❀ 3つの すう字《じ》を たして 15に なるように すう字を かさならないように かこんで わけましょう。

〔3つの けいさんを 見《み》つけましょう。〕

①

4	7	7
2	2	5
9	6	3

$4+2+9=15$

$7+2+6=15$

$7+5+3=15$

②

4	2	9
1	8	6
2	7	6

$4+2+9=15$

$1+8+6=15$

$2+7+6=15$

③

5	4	3
4	8	7
6	2	6

$7+6+2=15$

$5+4+6=15$

$3+4+8=15$

P.14

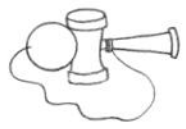

④

6	7	5
5	2	7
6	4	3

$6+7+2=15$

$5+6+4=15$

$5+7+3=15$

⑤

3	4	8
2	5	4
4	9	6

$3+4+8=15$

$2+4+9=15$

$5+4+6=15$

⑥

6	4	7
5	2	6
7	3	5

$4+6+5=15$

$7+6+2=15$

$7+3+5=15$

P.15

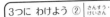

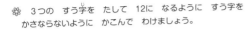

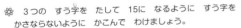

たす・ひく ①　さんすう・けいさん　1年～　20分　なまえ

❀ 空《あ》いている　ところに、あてはまる　すう字《じ》を　かきましょう。

①

②

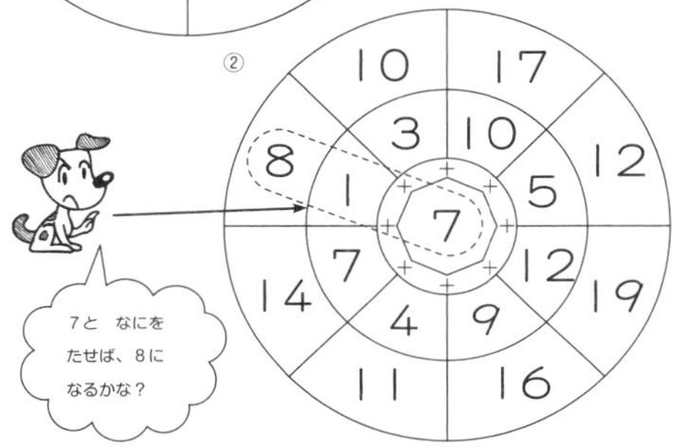

P.16

③

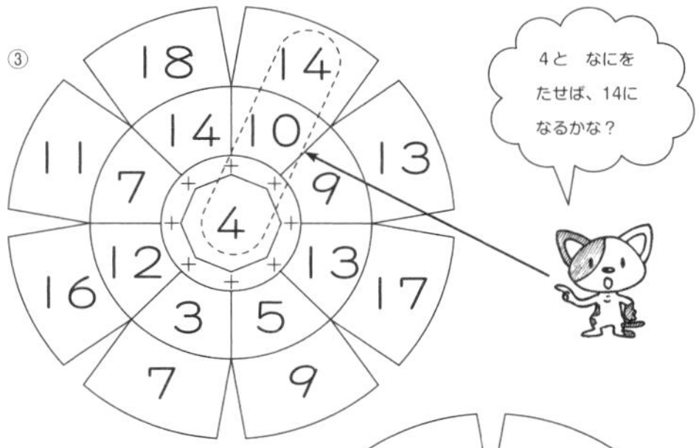

④

P.17

たす・ひく ②　さんすう・けいさん　1年～　20分　なまえ

❀ 空《あ》いている　ところに、あてはまる　すう字《じ》を　かきましょう。

①

②

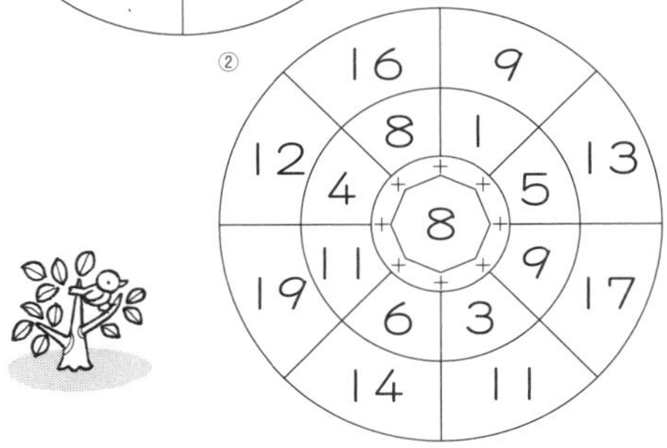

P.18

③

④

P.19

たしざんで　上《うえ》へ　さんすう・けいさん　1年～　20分　なまえ

❀ となり　どうしの　かずを　たして、○に　かいて　いきましょう。

① 8
3（2+1）　5（1+4）
2（2+0）　1（0+1）　4（1+3）
2　0　1　3

② 12
7　5
4　3　2
3　1　2　0

③ 14
7　7
4　3　4
4　0　3　1

④ 18
9　9
4　5　4
2　2　3　1

⑤ 16
10　6
6　4　2
4　2　2　0

P.20

⑥ 13
7　6
5　2　4
4　1　1　3

⑦ 16
9　7
5　4　3
3　2　2　1

⑧ 15
7　8
4　3　5
3　1　2　3

⑨ 16
9　7
6　3　4
4　2　1　3

⑩ 18
7　11
3　4　7
2　1　3　4

⑪ 20
8　12
3　5　7
1　2　3　4

P.21

ひきざんで　下《した》へ　さんすう・けいさん　1年～　20分　なまえ

❀ となり　どうしの　かずを　くらべて　大《おお》きい　ほうから　小《ちい》さい　ほうを　ひきましょう。

① 8　9　4　1
1（9−8）　5（9−4）　3（4−1）
4（5−1）　2（5−3）
2

② 4　7　5　9
3　2　4
1　2
1

③ 4　9　0　7
5　9　7
4　2
2

④ 6　9　2　7
3　7　5
4　2
2

⑤ 7　3　9　2
4　6　7
2　1
1

P.22

⑥ 13　4　10　7
9　6　3
3　3
0

⑦ 6　12　8　13
6　4　5
2　1
1

⑧ 15　7　11　5
8　4　6
4　2
2

⑨ 17　9　14　7
8　5　7
3　2
1

⑩ 12　7　20　10
5　13　10
8　3
5

⑪ 4　18　7　5
14　11　2
3　9
6

P.23

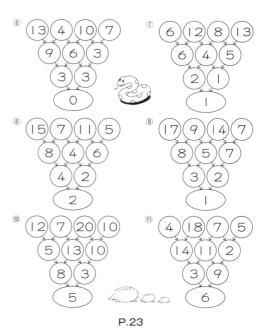

田ほうじんの けいさん

さんすう・けいさん　1年～　20分　なまえ

❀ やじるしの ↓→↙↘の ほうへ たします。

1 2 → 1+2
3 4 → 3+4
2+3 | 1+3 2+4 | 1+4

たしざんの
しきに すると
こう なります。

①
1 2 → 3
3 4 → 7
5 | 4 6 | 5

②
2 3 → 5
4 5 → 9
7 | 6 8 | 7

③
3 4 → 7
5 6 → 11
9 | 8 10 | 9

④
4 5 → 9
6 7 → 13
11 | 10 12 | 11

P.24

⑤
5 6 → 11
7 8 → 15
13 | 12 14 | 13

⑥
6 7 → 13
8 9 → 17
15 | 14 16 | 15

⑦
3 4 → 7
7 8 → 15
11 | 10 12 | 11

⑧
2 4 → 6
5 7 → 12
9 | 7 11 | 9

⑨
2 4 → 6
6 8 → 14
10 | 8 12 | 10

⑩
3 7 → 10
5 9 → 14
12 | 8 16 | 12

P.25

□+□−□=10

さんすう・けいさん　1年～　20分　なまえ

(れい)
① 2 + 9 − 1 = 10
② 3 + 8 − 1 = 10
③ 4 + 7 − 1 = 10
④ 5 + 6 − 1 = 10
⑤ 3 + 9 − 2 = 10
⑥ 4 + 8 − 2 = 10
⑦ 5 + 7 − 2 = 10
⑧ 6 + 6 − 2 = 10
⑨ 4 + 9 − 3 = 10
⑩ 5 + 8 − 3 = 10
⑪ 6 + 7 − 3 = 10
⑫ 7 + 7 − 4 = 10

P.26, 27

□−□+□=10

さんすう・けいさん　1年～　20分　なまえ

(れい)
① 9 − 1 + 2 = 10
② 8 − 1 + 3 = 10
③ 7 − 1 + 4 = 10
④ 6 − 1 + 5 = 10
⑤ 5 − 1 + 6 = 10
⑥ 4 − 1 + 7 = 10
⑦ 3 − 1 + 8 = 10
⑧ 9 − 2 + 3 = 10
⑨ 8 − 2 + 4 = 10
⑩ 7 − 2 + 5 = 10
⑪ 6 − 2 + 6 = 10
⑫ 5 − 2 + 7 = 10

P.28, 29

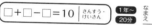

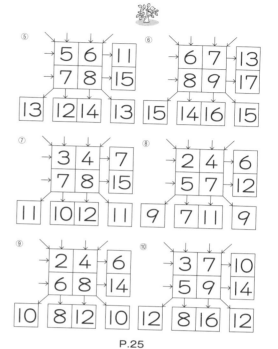

たして から ひく ① | さんすう・けいさん
1年～ 20分
なまえ

✿ となり どうしの かずを ひきざんして 下《した》に すすむ もんだいです。かずが わからない ところが あります。なにが 入《はい》るか かんがえて、ぜんぶの マスを うめましょう。

①
6 14 2 9
8 12 7
4 5
1

②
12 4 17 7
8 13 10
5 3
2

③
20 9 15 3
11 6 12
5 6
1

④
6 13 16 4
7 3 12
4 9
5

⑤
7 16 11 3
9 5 8
4 3
1

P.30

⑥
17 8 23 11
9 15 12
6 3
3

⑦
15 5 3 16
10 2 13
8 11
3

⑧
12 3 7 18
9 4 11
5 7
2

⑨
24 10 4 13
14 6 9
8 3
5

⑩
14 6 9 20
8 3 11
5 8
3

⑪
22 10 7 16
12 3 9
9 6
3

P.31

□を ブロックで しきつめる | 算数・計算
2年～ 20分
名前

✿ □に ブロックを しきつめます。

① 1の ブロック□を 1こ、
2の ブロック□を 1こ、
3の ブロック□か □を 1こ つかいます。

② 1の ブロックは 赤色《あかいろ》を、
2の ブロックは 黄色《きいろ》を、
3の ブロックは 青色《あおいろ》を ぬります。

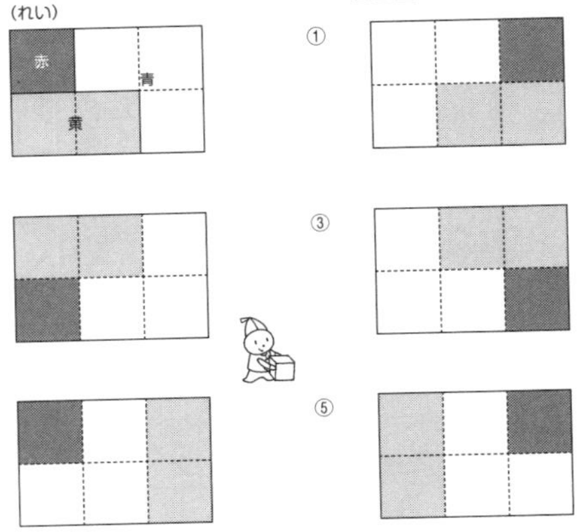

P.32

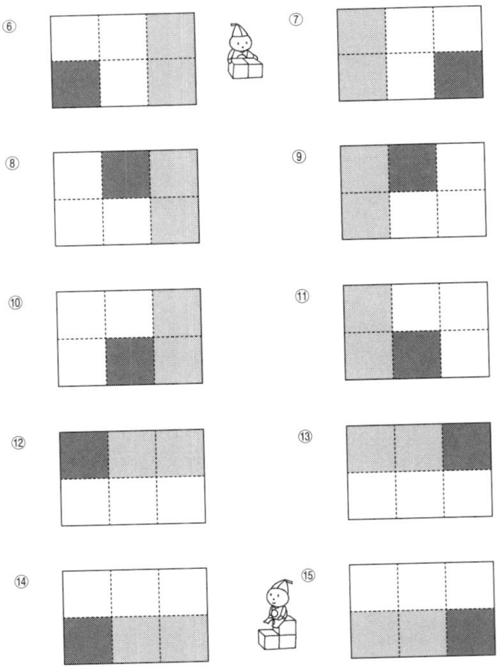

P.33

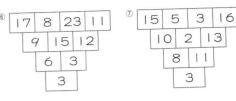

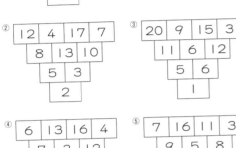

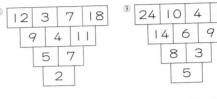

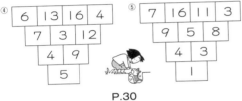

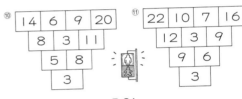

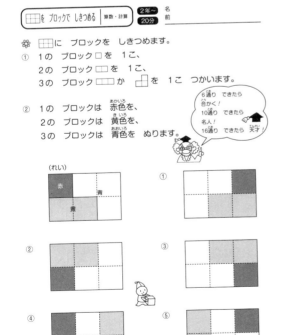

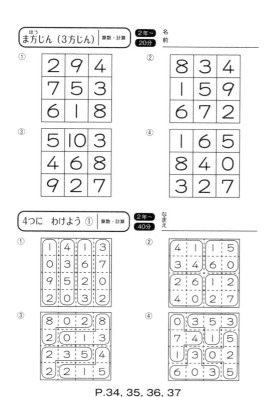

ま方《ほう》じん（3方じん） 算数・計算

2年～ 20分 名前

①

2	9	4
7	5	3
6	1	8

②

8	3	4
1	5	9
6	7	2

③

5	10	3
4	6	8
9	2	7

④

1	6	5
8	4	0
3	2	7

4つに わけよう ① 算数・計算

2年～ 40分 なまえ

①

1	4	1	3
0	3	6	7
9	5	2	0
2	0	3	2

②

4	1	1	5
3	4	6	0
2	6	1	2
4	0	2	7

③

8	0	2	8
2	0	1	3
2	3	5	4
2	2	1	5

④

0	3	5	3
7	4	1	5
1	3	0	2
6	0	3	5

P.34, 35, 36, 37

4つに わけよう ② 算数・計算

2年～ 40分 なまえ

①

2	0	5	3
3	9	2	6
2	1	0	0
8	4	9	6

②

2	4	2	1
6	6	1	4
3	0	8	8
2	6	2	5

③

4	3	5	4
2	0	3	7
7	1	0	4
6	7	5	2

④

3	4	7	3
4	1	0	5
7	2	4	7
2	5	5	1

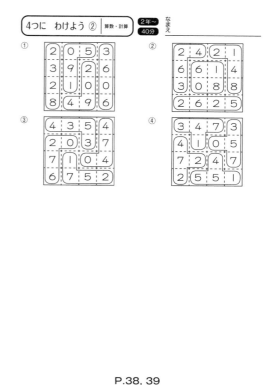

P.38, 39

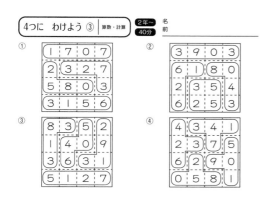

4つに わけよう ③ 算数・計算

2年～ 40分 名前

①

1	7	0	7
2	3	2	7
5	8	0	3
3	1	5	6

②

3	9	0	3
6	1	8	0
2	3	5	4
6	2	5	3

③

8	3	5	2
1	4	0	9
3	6	3	1
5	1	2	7

④

4	3	4	1
2	3	7	5
6	2	9	0
0	5	8	1

P.40, 41

場《ば》しょは どこに あるかな？ 算数・その他

2年～ 20分 名前

① あきらさんの　左どなり　（ペンギン）

② ゴリラの　右どなり　（かえる）

③ 5かいの　右はし　（きりん）

④ 2かいの　左はし　（くま）

⑤ しかの　左下　（いたち）

⑥ うさぎの　右下　（ゴリラ）

⑦ さるの　2かい　上で、右から　3番《ばん》目　（ぞう）

⑧ たぬきの　3かい　上で、左から　2番目　（うさぎ）

⑨ ねこの　2かい　下で、右から　2番目　（たぬき）

⑩ さるの　2かい　下で、左から　2番目　（きつね）

P.42, 43

たして 上へ 上へ ①

算数・計算　2年～　20分　名前

❀ となり どうしの 数《かず》を たして、上の ますに すすみましょう。

①
23
11 12
7 4 8
(3+4) (4+0) (0+8)
3 4 0 8

②
33
17 16
10 7 9
7 3 4 5

③
33
15 18
8 7 11
5 3 4 7

④
37
18 19
11 7 12
9 2 5 7

⑤
39
21 18
12 9 9
8 4 5 4

P.44

⑥
40
20 20
11 9 11
7 4 5 6

⑦
40
21 19
12 9 10
7 5 4 6

⑧
44
24 20
13 11 9
6 7 4 5

⑨
46
23 23
11 12 11
6 5 7 4

⑩
48
24 24
11 13 11
5 6 7 4

⑪
48
25 23
12 13 10
5 7 6 4

P.45

たして 上へ 上へ ②

算数・計算　2年～　20分　名前

❀ となり どうしの 数《かず》を たして、上へ つみあげて いきましょう。

①
60
28 32
13 15 17
(6+7) (7+8) (8+9)
6 7 8 9

②
64
33 31
16 17 14
7 9 8 6

③
64
33 31
21 12 19
9 12 0 19

④
78
38 40
21 17 23
12 9 8 15

⑤
84
41 43
20 21 22
13 7 14 8

⑥
86
45 41
25 20 21
18 7 13 8

P.46

⑦
100
48 52
23 25 27
11 12 13 14

⑧
100
45 55
19 26 29
7 12 14 15

⑨
120
58 62
28 30 32
16 12 18 14

⑩
132
64 68
32 32 36
19 13 19 17

⑪
140
68 72
33 35 37
16 17 18 19

⑫
140
68 72
31 37 35
13 18 19 16

P.47

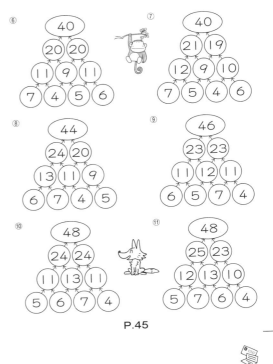

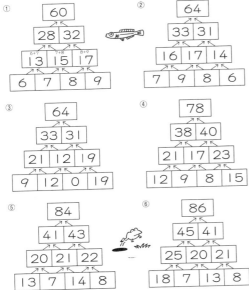

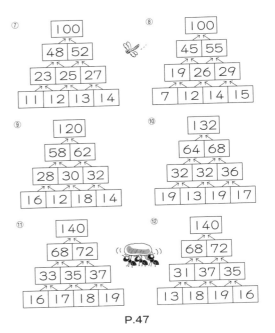

ひいて 下へ 下へ ① 算数・計算

2年～ 20分 名前

❀ となり どうしの 数《かず》を くらべて、大きい 方《ほう》から 小さい 方を ひき算《ざん》 しましょう。下まで つづけて しましょう。

①
19 3 15 6
19−3 15−3 15−6
16 12 9
4 3
1

②
4 17 9 11
13 8 2
5 6
1

③
20 13 4 17
7 9 13
2 4
2

④
12 20 17 5
8 3 12
5 9
4

⑤
3 14 20 17
11 6 3
5 3
2

P.48

⑥
20 3 12 5
17 9 7
8 2
6

⑦
20 16 3 12
4 13 9
9 4
5

⑧
4 12 18 6
8 6 12
2 6
4

⑨
8 20 13 2
12 7 11
5 4
1

⑩
16 18 7 16
2 11 9
9 2
7

⑪
14 20 6 13
6 14 7
8 7
1

P.49

ひいて 下へ 下へ ② 算数・計算

2年～ 20分 名前

❀ となり どうしの 数《かず》を くらべて、大きい 方《ほう》から 小さい 方を ひき算《ざん》 しましょう。下まで つづけて しましょう。

①
28 15 12 7
13 3 5
10 2
8

②
8 14 29 26
6 15 3
9 12
3

③
24 27 16 8
3 11 8
8 3
5

④
20 8 18 20
12 10 2
2 8
6

⑤
29 20 13 4
9 7 9
2 2
0

⑥
28 17 10 20
11 7 10
4 3
1

P.50

⑦
8 20 4 7
12 16 3
4 13
9

⑧
26 11 7 20
15 4 13
11 9
2

⑨
14 22 24 6
8 2 18
6 16
10

⑩
17 20 4 19
3 16 15
13 1
12

⑪
27 8 15 35
19 7 20
12 13
1

⑫
3 28 27 13
25 1 14
24 13
11

P.51

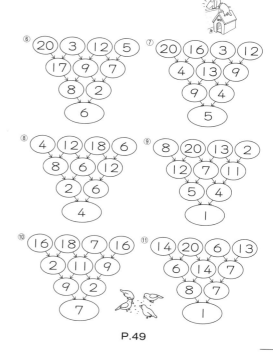

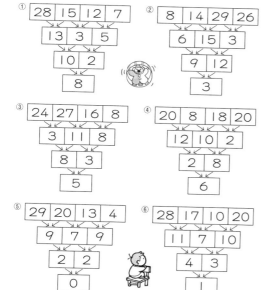

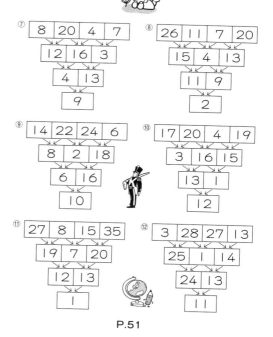

ひいたり たしたり して① | 算数・計算 | 2年～ 20分 | 名前

✿ となり どうしの 数字《すうじ》を たして 上に すすむ 計算《けいさん》です。ところ どころ 数字が 空いて います。何《なに》が 入るか 考《かんが》えて、もんだいを ときましょう。

①
17
9 8
4 5 3
1 3 2 1

②
15
7 8
4 3 5
3 1 2 3

③
17
8 9
5 3 6
4 1 2 4

④
12
5 7
2 3 4
2 0 3 1

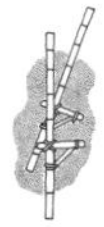

⑤
16
7 9
4 3 6
3 1 2 4

P.52

⑥
16
9 7
6 3 4
4 2 1 3

⑦
19
10 9
5 5 4
1 4 1 3

⑧
16
7 9
3 4 5
2 1 3 2

⑨
17
9 8
6 3 5
5 1 2 3

⑩
19
9 10
6 3 7
4 2 1 6

⑪
19
10 9
6 4 5
5 1 3 2

P.53

ひいたり たしたり して② | 算数・計算 | 2年～ 20分 | 名前

✿ となり どうしの 数字《すうじ》を たして 上に すすむ 計算《けいさん》です。ところ どころ 数字が 空いて います。何《なに》が 入るか 考《かんが》えて、もんだいを ときましょう。

①
40
21 19
12 9 10
7 5 4 6

②
40
20 20
11 9 11
7 4 5 6

③
46
23 23
11 12 11
6 5 7 4

④
48
25 23
12 13 10
5 7 6 4

⑤
48
24 24
11 13 11
5 6 7 4

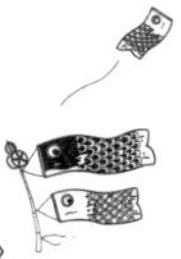

⑥
44
24 20
13 11 9
6 7 4 5

P.54

⑦
27
11 16
5 6 10
5 0 6 4

⑧
21
11 10
8 3 7
8 0 3 4

⑨
33
15 18
8 7 11
5 3 4 7

⑩
37
18 19
11 7 12
9 2 5 7

⑪
39
21 18
12 9 9
8 4 5 4

⑫
33
17 16
10 7 9
7 3 4 5

P.55

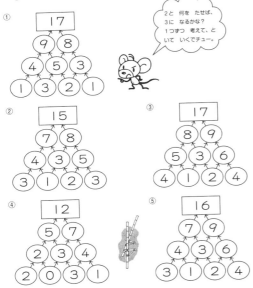

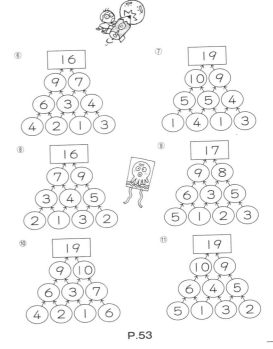

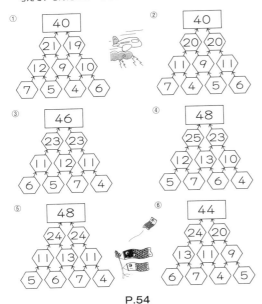

たして から ひく ② 算数・計算

2年～ 20分

名前

❀ となり どうしの 数《かず》を ひき算《ざん》して 下に すすむ もんだいです。数が わからない ところが あります。何《なに》が 入るか 考《かんが》えて、ぜんぶの マスを うめましょう。

①
18 3 17 7
15 14 10 (18−3)
1 4
3

②
7 16 19 7
9 3 12
6 9
3

③
24 10 4 16
14 6 12
8 6
2

④
7 15 3 18
8 12 15
4 3
1

⑤
18 3 9 23
15 6 14
9 8
1

⑥
11 6 13 29
5 7 16
2 9
7

P.56

⑦
18 7 3 21
11 4 18
7 14
7

⑧
20 9 3 12
11 6 9
5 3
2

⑨
6 21 17 5
15 4 12
11 8
3

⑩
19 4 11 30
15 7 19
8 12
4

⑪
6 18 9 27
12 9 18
3 9
6

どう？ みんなできた？
いや～、
むずかしかったよ～。

P.57

たしたり ひいたり 算数・計算

2年～ 40分

名前

1 たして、たしましょう。

① 29 + 19 = 48, + 29 = 77

② 28 + 26 = 54, + 27 = 81

③ 17 + 27 = 44, + 27 = 71

④ 38 + 27 = 65, + 16 = 81

⑤ 18 + 28 = 46, + 38 = 84

⑥ 27 + 39 = 66, + 18 = 84

2 たして、ひきましょう。

① 57 + 36 = 93, − 48 = 45

② 24 + 67 = 91, − 58 = 33

ひき算《ざん》が
あるよ。

③ 37 + 38 = 75, − 49 = 26

④ 25 + 58 = 83, − 67 = 16

⑤ 56 + 29 = 85, − 57 = 28

P.58

3 ひいて、たしましょう。

① 81 − 54 = 27, + 28 = 55

② 64 − 27 = 37, + 36 = 73

③ 92 − 54 = 38, + 17 = 55

④ 75 − 59 = 16, + 48 = 64

⑤ 82 − 28 = 54, + 37 = 91

4 ひいて、ひきましょう。

① 91 − 18 = 73, − 27 = 46

② 62 − 19 = 43, − 17 = 26

③ 82 − 26 = 56, − 38 = 18

④ 93 − 38 = 55, − 29 = 26

⑤ 73 − 19 = 54, − 26 = 28

P.59

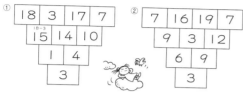

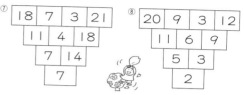

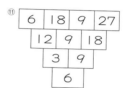

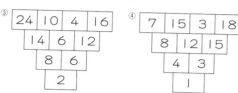

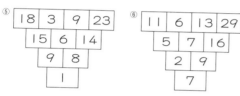

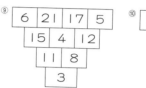

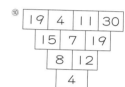

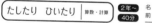

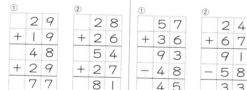

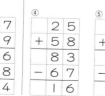

たして　たして　算数・計算　2年~　20分　名前

1 (れい)

① 1 + 2 + 7 = 10

② 1 + 3 + 6 = 10

③ 1 + 4 + 5 = 10

④ 1 + 5 + 4 = 10

⑤ 2 + 1 + 7 = 10

⑥ 2 + 2 + 6 = 10

2 (れい)

① 2 + 7 + 7 = 16

② 9 + 4 + 3 = 16

③ 4 + 6 + 6 = 16

④ 7 + 4 + 5 = 16

⑤ 5 + 5 + 6 = 16

⑥ 3 + 7 + 6 = 16

P.60, 61

ひいて　ひいて　算数・計算　2年~　20分　名前

1 (れい)

① 19 − 5 − 3 = 11

② 19 − 2 − 6 = 11

③ 18 − 1 − 6 = 11

④ 18 − 2 − 5 = 11

⑤ 17 − 1 − 5 = 11

⑥ 16 − 1 − 4 = 11

2 (れい)

① 19 − 1 − 6 = 12

② 17 − 1 − 4 = 12

③ 18 − 1 − 7 = 10

④ 16 − 1 − 5 = 10

⑤ 17 − 1 − 3 = 13

⑥ 19 − 1 − 5 = 13

P.62, 63

しりとり ①　こくご・ことば　1年~　20分　なまえ

1

① ありす→りす→すし→しか→かき→きく

② かぶ→ぶた→たい→いえ→えび→びわ

2

① ばった→たぬき→きつね→ねずみ

② まいく→くじら→らくだ→だんご

P.64, 65

しりとり ②　こくご・ことば　1年~　20分　なまえ

1

① こあら→らっこ→こたつ→つくえ

② とけい→いるか→かもめ→めろん

2

① いちご→ごりら→らっぱ→ぱんだ

② つばめ→めだか→からす→すいか

P.66, 67

2 あしか→かもめ→めじろ→ろうか→かいこ→こたつ→つばき→きかい→いわし

P.68

しりとり ③　こくご・ことば　1年~　20分　なまえ

1 きつね→ねずみ→みなと→とさか→かたな→なみだ→だんご→ごりら→らくだ

P.69

ことば　あそび　こくご・ことば　1年〜 20分　なまえ

1 ① うま　② とら

2 ① りす　② わに　③ いぬ

3 ① かめ　② ねこ　③ くま

4 ① はち　② あり　③ せみ

5 ① ゆり　② きく　③ ばら

6 ① わし　② きじ　③ たか

P.70, 71

ことば　づくり ①　こくご・ことば　1年〜 20分　なまえ

1 ① あさり　② あくま　③ あずき
④ あぶら

2 ① いるか　② いとこ　③ いわし
④ いたち　⑤ いびき　⑥ いかり

3 ① うさぎ　② うずら　③ うちわ
④ うどん　⑤ うえき　⑥ うろこ

4 ① おはぎ　② おばけ　③ おんぶ
④ おどり　⑤ おでこ　⑥ おがわ

P.72, 73

3

①

い	た	ち
	ぬ	
	き	

②

け	む	し
	か	
	で	

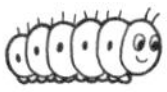

③

さ	く	ら
	す	
	り	

（くむねたこ）

4

①

つ	き	よ
	り	
	ん	

②

ね	ず	み
	ぼ	
	ん	

③

ふ	く	ろ
	じ	
	ら	

（いきぬくず）

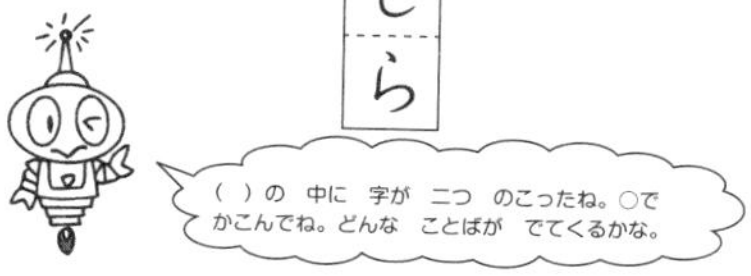
（　）の　中に　字が　二つ　のこったね。○で
かこんでね。どんな　ことばが　でてくるかな。

P.74

ことば　いろいろ ①　こくご・ことば　1年〜 20分　なまえ

□に　一字《いちじ》　入《い》れて、ことばを　二《ふた》つずつ　つくりましょう。

1

①

す	ず	め
		だ
		か

②

あ	し	か
		も
		め

（やかめま）

2

①

て	が	み
		や
		げ

②

ぬ	り	え
		ほ
		ん

えほん
えほん

③

ふ	す	ま
		く
		ら

（えかまわみ）

□に　入れる
字は、（　）の
中《なか》から　えらびま
しょう。

P.75

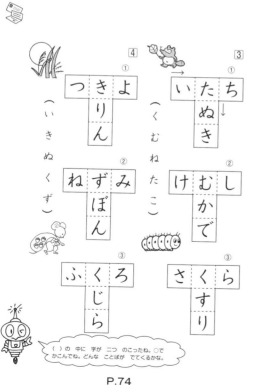

P.76

3

①
つ
あくび
え

②
さ
とんぼ
ぽ

③
た
こおり
る

（おくかべん）

4

①
ふ
ことば
ん

②
あ
いたち
ま

③
て
りんご
と

（やねんとた）

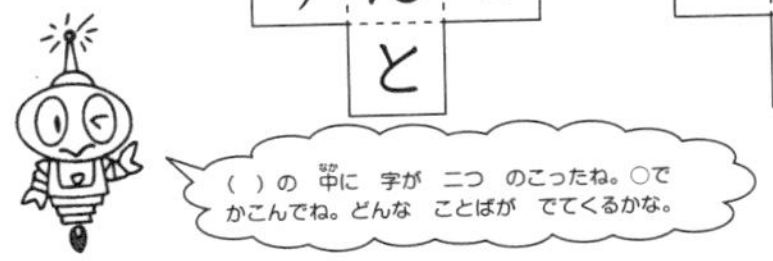
（ ）の 中《なか》に 字が 二つ のこったね。○で
かこんでね。どんな ことばが でてくるかな。

P.76

ことば いろいろ ② こくご・ことば 1年～ 20分 なまえ

❀ □に 一字《いちじ》 入《い》れて、ことばを 二《ふた》つずつ つくりましょう。

1

①
→ ↓
だ
れんず
す

②
ま
ひつじ
り

（つえんび）

2

①
ら
ぽんぷ
ぷ

②
し
くらげ
が

③
あ
ちくわ
ま

（かんにくら）

□に 入れる
字は、（ ）から
えらびましょう。

P.77

P.78

2

すやたか

一字 入れたら なぞりがき。
かいたら よんでね。

たい、
たこ、
……

①
し
ずすな
み

②
に
ばかめ
い

③
い
こたけ
ま

④
ぎ
まやり
ね

つくって みよう。

P.78

ことば あそび 二文字《にもじ》 こくご・ことば 1年～ 20分 なまえ

❀ まん中《なか》の □に、一字《いちじ》 入《い》れると、二文字《にもじ》の ことばが 四《よ》つ できます。
↓の ほうへ よむ ことばです。
うすい 文字は、なぞりがきを します。

1

いまさ

①

い

す
けいし
か

②
る
いさけ
め

③
め
つまど
り

□に 入れる
字は、⬚から
えらびます。

P.79

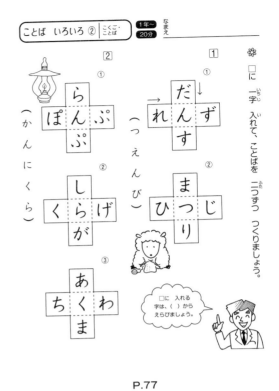

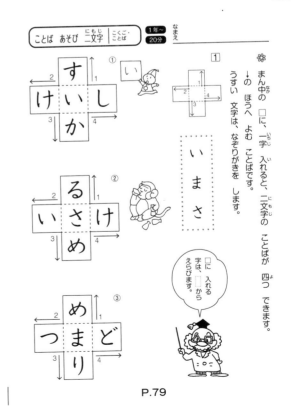

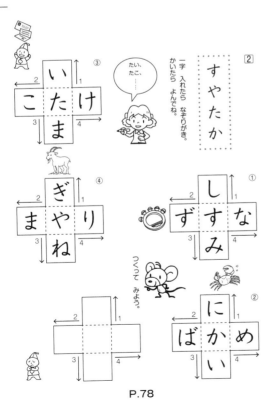

かたかな ことば あそび　こくご・ことば　1年～　20分　なまえ

❀ □に 一字《いちじ》 入《い》れて、ことばを 二《ふた》つずつ つくりましょう。
□に かき 入れる字は、（ ）から えらびましょう。

1

① →↓
ラッコ
　　ア
　　ラ

（パコチン）

②
マッチ
　　ー
　　ム

2

①
ソース
　　ー
　　プ

（ペプチンス）

②
ロープ
　　ー
　　ル

③
マーチ
　　ー
　　ズ

チーズ

□に 入れる
字は、( ) から
えらびましょう。

P.81

3

① ↓→
ブ
ッ
クラス

（トプクロダ）

②
ベ
ス
トイレ

③
サ
ラ
ダイヤ

4

①
レ
ー
スター

（プルアスマ）

②
ホ
ー
ルビー

③
テ
ー
プレー

それぞれの
( )の 中で
二字《にじ》ずつ のこ
りますね。その
二字を、○で
かこんでごら
ん！

P.80

ことば あそび 三文字《さんもじ》　こくご・ことば　1年～　20分　なまえ

❀ 空《あ》いている □に、一字《いちじ》 かき 入《い》れます。ことばが 二《ふた》つ できます。
うすい 文字《もじ》は、なぞりがきを します。さいごに ことばを よみます。

1

左《ひだり》の 字から えらんで、□に かきます。

う　ね
こ　し

①
　　つ
　　く
かかし

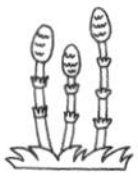

②
　　す
　　も
さとう

1

③
こけし
ど
も

④
ねずみ
ま
き

P.83

2

左の 字から えらんで、
□に かくんだよ。

じ　で　え
た　ん

①
　　た
　　う
ぬりえ

②
　　ひ
　　つ
すうじ

③
でんぱ
ん
わ

④
ぼたん
　ぬ
　き

⑤
　き
　り
まんが

P.82

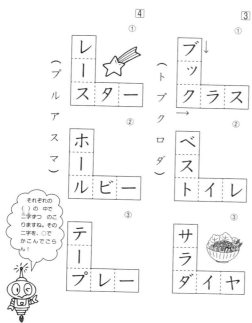

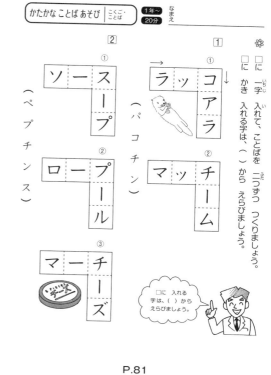

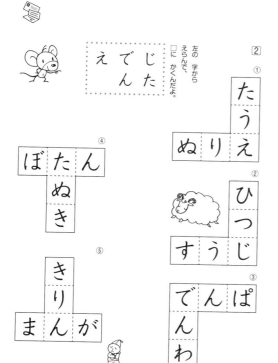

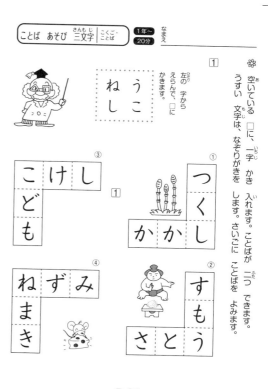

2

左の ▢の 字から えらんで、
□に かくんだよ。

ツ	ア
ラ	ク
	ル

①

	カ	
ゴ	ル	フ
	タ	

②

	バ	
バ	ッ	ジ
	グ	

③

	ガ	
ド	ラ	ム
	ス	

④

	コ	
ピ	ア	ノ
	ラ	

⑤

	イ	
タ	ク	ト
	ラ	

P.84

ことば あそび クロス

こくご・ことば　1年～　20分　なまえ

1 まん中《なか》の □に、一字《いちじ》 かき 入《い》れます。ことばが 二《ふた》つ できます。
↓の ほうへ よむ ことばです。うすい 文字《もじ》は、なぞりがきを します。
さいごに ことばを よみます。

左《ひだり》の ▢の 字から えらんで、
□に かきます。

び	が
ぶ	い

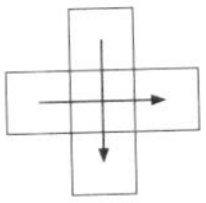

①

	た	
す	い	か
	こ	

②

	こ	
ま	ぶ	た
	し	

③

	ゆ	
か	び	ん
	わ	

④

	て	
は	が	き
	み	

P.85

2 上《うえ》の 文字を ならべかえて ことばに して 下《した》の □に、かきます。

①

ひ	ま
り	わ

ひまわり

②

ん	す
い	せ

すいせん

③

が	さ
あ	お

あさがお

④

な	な
の	は

なのはな

⑤

ま	き
り	か

かまきり

⑥

し	の
い	し

いのしし

⑦

ろ	し
く	ま

しろくま

⑧

み	か
お	お

おおかみ

⑨

と	ば
こ	び

とびばこ

⑩

と	わ
な	び

なわとび

P.86

ことば づくり ②

こくご・ことば　1年～　20分　なまえ

1 まん中《なか》の □に、一字《いちじ》 かき 入《い》れます。三文字《さんもじ》の ことばに なります。
うすい 文字は、なぞりがきを します。
さいごに ことばを よみます。

①②③に 入《はい》る 文字 さ や ち

① あやめ

② いちご

③ うさぎ

④⑤⑥に 入る 文字 え ほ や

④ えほん

⑤ おやつ

⑥ かえる

⑦⑧⑨に 入る 文字 の い す

⑦ きのこ

⑧ くすり

⑨ けいと

P.87

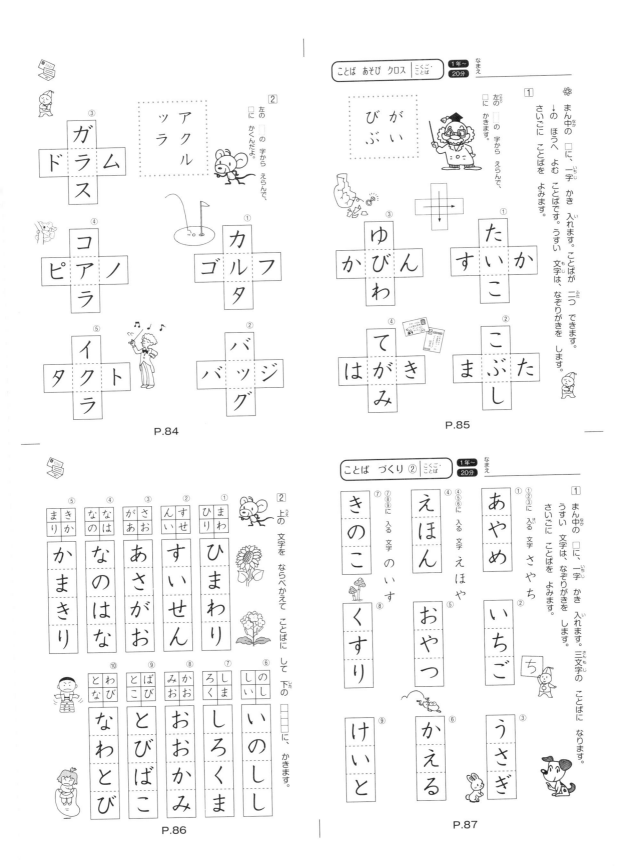

□花《はな》・□音《おと》 こくご・ことば 1年～ 20分 なまえ

（れい）

1 ① あかい ② あおい ③ しろい

④ おおきい ⑤ ちいさい

⑥ ばらの ⑦ ゆりの

⑧ りんごの ⑨ きれいな

⑩ かわいい

2 ① たいこの ② ふえの

③ すずの ④ ちいさい

⑤ ひくい ⑥ きもちわるい

⑦ ここちよい ⑧ ねむくなる

⑨ かぜの ⑩ あめの

P.88, 89

□空《そら》・□虫《むし》 こくご・ことば 1年～ 20分 なまえ

（れい）

1 ① あおい ② あかるい

③ くらい ④ とおくの

⑤ ちかくの ⑥ やまのうえの

⑦ うみのうえの ⑧ ゆうやけの

⑨ にじがでた ⑩ ほしがみえる

2 ① ながい ② まるい ③ あきの

④ かぶと ⑤ いけにいる

⑥ あかい ⑦ みつをあつめる

⑧ すをつくる ⑨ きれいないろの

⑩ たくさんの

P.90, 91

なんと よむ？ こくご・ことば 1年～ 20分 なまえ

✿ かたかな 四《よっ》つを、ことばに しましょう。
四つは、1・2・3・4し ですね。

ウ ウ ウ ウ	これは、ウが 四つで 「うし」

カ カ カ カ	これは、四つの カで 「しか」「かし」

1 こたえを ひらがなで かきましょう。

アア アア	（ あし ）	オオ オオ	（ しお ）
イイ イイ	（ いし ）	ママ ママ	（ しま ）
クク クク	（ くし ）	ロロ ロロ	（ しろ ）
ホホ ホホ	（ ほし ）	タタ タタ	（ した ）

P.92

ヤヤ ヤヤ	（ やし ）	ソソ ソソ	（ しそ ）
ブブ ブブ	（ ぶし ）	バババ バ	（ しば ）

2 よみかたは、二《ふた》つ あるよ。

ワワ ワワ	（ しわ ）	（ わし ）

3 これも わかるね。三《みっ》つだから 「ミ」と よんで。

ウ ウウ	（ うみ ）	ソ ソソ	（ みそ ）

4 じぶんで つくって みよう。

P.93

どうぶつの　名《な》まえ　こくご・ことば

1年～　20分　なまえ

✿ つぎの　どうぶつは、なんですか。□から　名《な》まえを　見《み》つけて　□に　かきましょう。また、子《こ》どもを　赤《あか》ちゃんで　うむ　ものには　赤、たまごで　うむ　ものには　青《あお》を　○の　中《なか》に　ぬりましょう。

①  赤　りす

②  青　かえる

③  青　へび

④  赤　うさぎ

⑤  赤　いのしし

⑥  赤　さる

⑦  赤　いたち

⑧  赤　ねこ

⑨  青　うみがめ

さる	りす	うみがめ
いたち	うさぎ	かえる
へび	いのしし	ねこ

P.94

文《ぶん》ぼうぐ　こくご・ことば

1年～　20分　なまえ

✿ つぎの　文《ぶん》ぼうぐは、どんなことを　する　どうぐですか。□の　中から　あてはまる　ものを　さがして　○に　いろを　ぬりましょう。

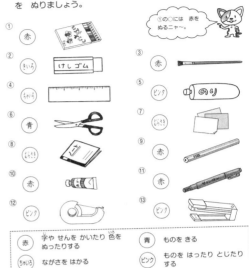

①の○には　赤を
ぬるニャ～。

① 赤 

② きいろ 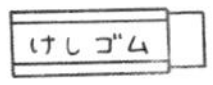
けしゴム

③ 赤

④ ちゃいろ 

⑤ ピンク 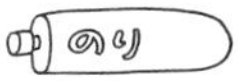
のり

⑥ 青 

⑦ むらさき 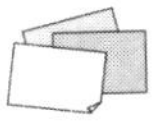

⑧ むらさき 

⑨ 赤 

⑩ 赤 

⑪ 赤 

⑫ ピンク 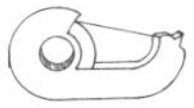

⑬ ピンク 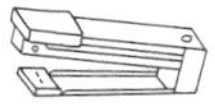

赤	字《じ》や せんを かいたり 色《いろ》を ぬったりする	青	ものを きる
ちゃいろ	ながさを はかる	ピンク	ものを はったり とじたり する
きいろ	字を けす どうぐ	むらさき	字や えを かく かみ

P.95

3

①
ゴ↓
リ
ラジオ
→

②
タ
ン
クラブ

③
ド
レ
ストア

（スラエクア）

4

①
カ
ー
ドーム

②
ゲ
ー
ムード

③
コ
ー
スキー

（スケムアド）

それぞれの
（ ）の 中で
二字ずつ の
こりますね。
その 二字を、
○で かこん
でごらん！

P.96

かたかな ことば あそび ①　国語・ことば

2年～　20分　名前

✿ □に　一字　入れて、ことばを　二つずつ　つくりましょう。

1

①
→
インド↓
　　イ
　　ツ

②
ココア
　　イ
　　ス

（ドミアス）

2

①
ケース
　　ー
　　ツ

②
コーチ
　　ー
　　ズ

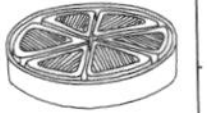

③
ポーズ
　　ー
　　ム

（ペスアズチ）

□に 入れる 字
は、（ ）から え
らびましょう。

P.97

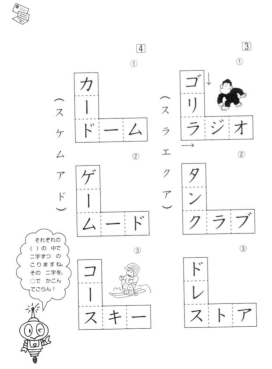

かたかな ことば あそび ② 国語・ことば 2年～ 20分 名前

❀ □に 一字 入れて、ことばを 二つずつ つくりましょう。

1 （パントダチ）

① ↓マスト　→ヨット

② ランチ　ベンチ

2 （トキラウイツ）

① コアラ　ゴリラ

② パンツ　シャツ

③ テスト　ボート

□に 入れる 字は、( ) から えらびましょう。

P.99

3 （スコズブンラ）

① ↓クイズ　→パズル

② テニス　デスク

③ レモン　ピンク

4 （マイトンウス）

① コイン　ヒント

② ベスト　バトン

③ フライ　ライス

それぞれの ( )の 中で 三字ずつ のこりますね。その 三字を、○で かこんでごらん！

P.98

かたかな ことば あそび ③ 国語・ことば 2年～ 20分 名前

❀ □に 一字 入れて、ことばを 二つずつ つくりましょう。

1 （ドンライス）

① ↓ヘッド　→ベッド

② プリン　プラン

2 （トテムプンポ）

① ポンプ　ランプ

② ライト　レフト

③ ジャム　タイム

□に 入れる 字は、( ) から えらびましょう。

P.101

3 （タダルクトン）

① ↓バトン　→ピンチ

② ドリル　ベルト

③ サラダ　メダル

4 （リリズスンム）

① ガラス　マスク

② セロリ　プリン

③ ボタン　パンツ

それぞれの ( )の 中で 三字ずつ のこりますね。その 三字を、○で かこんでごらん！

P.100

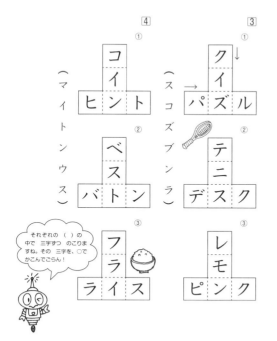

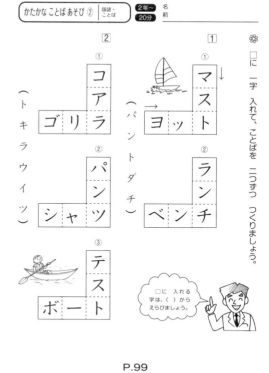

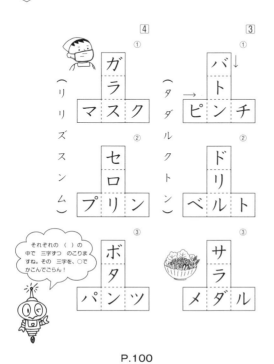

かたかなの　名前《なまえ》では？　国語・ことば

2年～　20分　名前

✿　下の　どうぶつの　名前《なまえ》を、外国《がいこく》での　よびかたで　書《か》きましょう。（2回《かい》ずつ、書きましょう。）

□に、外国での　よびかたで　名前が　書いて　あります。

①

ぶた　ピッグ　ピッグ

②

ねこ　キャット　キャット

③

ねずみ　マウス　マウス

④

いぬ　ドッグ　ドッグ

⑤

さる　モンキー　モンキー

ピッグ
モンキー
マウス
キャット
トマト
ドッグ

1つ、おかしいのがあるよ。

P.102

⑥

とら　タイガー　タイガー

⑦

しし　ライオン　ライオン

⑧

くま　ベアー　ベアー

⑨

うさぎ　ラビット　ラビット

⑩
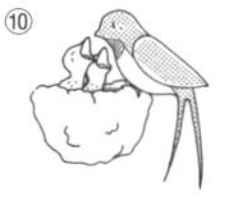
つばめ　スワロー　スワロー

スワロー
ライオン
レモン
ラビット
タイガー
ベアー

1つ、おかしいと思《おも》うよ。

P.103

□顔《かお》・□紙《かみ》　国語・ことば

2年～　20分　名前

（れい）

① わらっている

② うれしそうな　③ ねている

④ 日にやけた　⑤ おにの

⑥ しわしわの　⑦ つるつるの

⑧ ペラペラの

⑨ 教科書《きょうかしょ》の　⑩ おり

□道《みち》・□家《いえ》　国語・ことば

2年～　20分　なまえ

（れい）

① まっすぐの　② 細《ほそ》い

③ きれいな　④ アスファルトの

⑤ 上りざかの　⑥ 二かいだての

⑦ コンクリートの

⑧ ベランダのある　⑨ 山の

⑩ 友《とも》だちの

P.104, 105

「くつにつく」（回文《かいぶん》）　国語・ことば

2年～　20分　名前

1 ① るすにする　② かいといか

③ にわにわに　④ たうえうた

⑤ しんぶんし　⑥ ばかなかば

⑦ たいがいた　⑧ うたうたう

⑨ がけでけが

2 ① たけやぶやけた

② たけやがやけた

③ たいふうふいた

④ ダンスがすんだ

⑤ くるみとみるく

⑥ わたしまけましたわ

P.106, 107

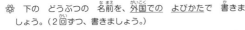

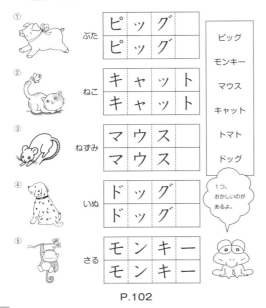

かん字の　ことば ①　国語・ことば　2年～ 20分　名前

雨・右・王
① 右　② 雨　③ 王
下・花・火
④ 下　⑤ 火　⑥ 花
見・山・月・口
① 月　② 見　③ 口　④ 山
水・出・十・手
⑤ 水　⑥ 手　⑦ 十　⑧ 出
水・上・女・人（一つ　あまる）
⑨ 女　⑩ 上　⑪ 人

かん字の　ことば ②　国語・ことば　2年～ 20分　名前

青・生・正
① 正　② 生　③ 青
夕・川・赤
④ 夕　⑤ 赤　⑥ 川
大・足・中・男
① 足　② 大　③ 男　④ 中
日・天・町・土
⑤ 町　⑥ 土　⑦ 天　⑧ 日
年・入・人・本（一つ　あまる）
⑨ 入　⑩ 年　⑪ 本

P.108, 109, 110, 111

かん字の　クロス ①　国語・ことば　2年～ 20分　名前

交・今・高・新
① 交　② 高　③ 今　④ 新
朝・体・冬
① 体　② 朝　③ 冬

かん字の　クロス ②　国語・ことば　2年～ 20分　なまえ

国・形・作・行
① 形　② 行　③ 国　④ 作
心・線・紙
① 紙　② 心　③ 線

かん字の　クロス ③　国語・ことば　2年～ 20分　名前

親・時・間・春
① 間　② 時　③ 春　④ 親
肉・船・書
① 船　② 書　③ 肉

112

P.112, 113, 114, 115, 116, 117

2

①形見→見当→当時
②今夜→夜半→半月
③風船→船出→出馬
④強大→大名→名門
⑤空白→白昼→昼夜

P.118

かん字の　しりとり　国語・ことば　2年～ 20分　名前

1

①読書→書道→道草
②青春→春風→風雨
③高台→台風→風雪
④母親→親切→切手
⑤正直→直通→通行

P.119

音を　あらわす　ことば　国語・ことば　2年～ 20分　名前

① コンコン
② ケロケロ
③ ガタン
④ ポチャン
⑤ メーメー
⑥ ゴーン

P.120

ようすを　あらわす　ことば　国語・ことば　2年～ 20分　名前

① すいすい
② しとしと
③ ごくごく
④ うとうと
⑤ そよそよ
⑥ らくらく

P.121

三木　俊一（みき・しゅんいち）

「学力の基礎をきたえどの子も伸ばす研究会（学力研）」元代表委員。
兵庫県西宮市立鳴尾小学校などで、教員を務めた。
子どもたちが算数につまずく一因が、「くり下がりで余りが出るわり算（C型わり算）」にあることを発見。その計算が全部で100題あることから「100わり計算」の反復練習を提唱した。これらの指導法は、各地の学校で行われている計算指導に多大な影響を与えている。

担任出張時
自習プリント　国語・算数　低学年

2024年２月20日　初版　第１刷発行

著　者　三　木　俊　一
発行者　面　屋　　洋
企　画　フォーラム・A
発行所　清風堂書店

〒530-0057　大阪市北区曽根崎2-11-16
ＴＥＬ　06-6316-1460
ＦＡＸ　06-6365-5607
http://www.seifudo.co.jp/

制作編集担当　河嶋 紀之
カバーデザイン　有限会社ウエナカデザイン事務所
組版・印刷　㈱関西共同印刷所／製本　㈱高廣製本

ISBN 978-4-86709-294-1 C0037